Düzen Tekkal

#GermanDream

Düzen Tekkal
mit Oliver Kobold

#GERMAN DREAM

Wie wir ein besseres Deutschland schaffen

BERLIN VERLAG

Mehr über unsere Autorinnen, Autoren und Bücher:
www.berlinverlag.de

Von Düzen Tekkal liegt im Berlin Verlag vor:
Deutschland ist bedroht. Warum wir unsere Werte jetzt
verteidigen müssen (2016)

MIX
Papier aus verantwor-
tungsvollen Quellen
FSC® C083411

ISBN 978-3-8270-1420-7
© Berlin Verlag in der Piper Verlag GmbH, Berlin/München 2020
Satz: Uhl + Massopust, Aalen
Gesetzt aus der Adobe Garamond
Druck und Bindung: CPI books GmbH, Leck
Printed in the EU

Inhalt

Vorwort

Seit ich denken kann, habe ich es als Privileg betrachtet, in einem Land wie Deutschland leben zu können. Nichts ist selbstverständlich auf dieser Welt, und Frieden und Freiheit sind es schon gar nicht. Deutschland hat es mir ermöglicht, als eines von elf Kindern einer kurdisch-jesidischen Familie Bildung zu erwerben und den Beruf zu ergreifen, den ich wirklich ergreifen wollte. Nicht zuletzt durch meine Arbeit als Kriegsberichterstatterin ist mir immer wieder bewusst geworden, wie wertvoll dieser »deutsche Traum« ist. Wir müssen ihn beschützen, denn er ist gefährdet. Viele der Werte, die unser Zusammenleben und damit unsere freiheitlich-demokratische Grundordnung definieren, werden zunehmend infrage gestellt, wenn nicht sogar bewusst abgelehnt – von Rassisten und Rechtsextremisten ebenso wie von religiösen Extremisten.

Vielleicht bemerken es Migranten und Deutsche mit Zuwanderungsgeschichte besonders früh, wenn in diesem Land die Dinge ins Rutschen geraten. Unsere Sinne sind geschärft. Wir wissen, wie kostbar, aber auch wie zerbrechlich vieles von dem ist, was manche Alteingesessene kaum mehr wahrnehmen, weil es schon so lange zu ihrem Alltag gehört. Wir wissen, was es heißt, wenn sich Mehrheiten im Namen der Nationalität oder der Religion gegen Minderheiten wenden, wenn Hass entfesselt und Spaltung betrieben wird.

Überlegungen wie diese veranlassten mich dazu, dem Buch, das ich 2016 veröffentlichte, den Titel *Deutschland ist bedroht* zu geben. Ich wollte aufrütteln und zum Gegenhalten auffordern. Damals legte man mir den Titel häufig als Alarmismus aus, als populistischen Versuch, Angst zu schüren und dadurch mehr Leser anzulocken. Dabei lag mir nichts ferner. Möglicherweise hätte ich an meiner ersten Idee festhalten und den Titel *Mein Deutschland ist bedroht* wählen sollen. Vielleicht wäre so deutlicher geworden, dass es sich bei diesem Buch, in dem ich aus meinem Leben und damit nicht zuletzt von den Chancen erzählte, die sich mir eröffnet hatten, eigentlich um eine Liebeserklärung an Deutschland handelte. Eine sorgenvolle Liebeserklärung, gewiss. Aber eben auch eine, die sich nicht in düsteren Zustandsbeschreibungen erschöpfte, sondern, so hoffte ich, in die Zukunft wies.

Ein Kapitel lag mir dabei besonders am Herzen. Es hieß »*German Dream* statt *German Angst*« und skizzierte die Richtung, in die ich wollte: weg von Zögerlichkeit, Verzagtheit und eben Angst, hin zu Zuversicht, Mut und Entschlossenheit. Der Historiker Frank Biess hat erst unlängst in seiner Studie *Republik der Angst* die Geschichte der Bundesrepublik neu und anders erzählt, nämlich als »Geschichte aufeinanderfolgender Angstzyklen«. Er konnte zeigen, dass es sich bei der spezifisch bundesrepublikanischen Version der

Angst nicht um eine »nationale Pathologie« handelte, son- dern um eine wohlbegründete Reaktion auf die zurückliegende Barbarei des Nationalsozialismus. Die Erinnerung an das Vergangene prägte die Wahrnehmung der Gegenwart und beförderte die vielfältigen Formen von Angst im Lauf der Jahrzehnte: Angst vor Vergeltungsmaßnahmen der Alliierten, vor Wiederbewaffnung und Kaltem Krieg; Angst vor dem Freiheitsstreben der Studenten und dem Terrorismus der RAF.

Der Begriff *German Angst,* wie er im Englischen »Karriere« gemacht hat – einer der wenigen deutschen Ausdrücke neben *kindergarten, wanderlust* und *blitzkrieg* –, meint dagegen tatsächlich einen den Deutschen kollektiv zugeschriebenen Gefühlszustand. Er ist, auch das lässt sich bei Frank Biess nachlesen, noch gar nicht so alt. Erst in den 1980er-Jahren wurde er zum ersten Mal verwendet, als die Angst vor der atomaren Nachrüstung, dem Waldsterben und, etwas später, vor dem ersten Irakkrieg die Deutschen in der internationalen Wahrnehmung als besonders angstbehaftet erscheinen ließ. Seitdem ist die *German Angst* zum geflügelten Wort geworden und gilt als Synonym für Bedenkenträgertum, Mutlosigkeit und übergroße Besorgtheit.

Ich finde mich in diesem Bild eines engstirnigen Deutschlands, eines Deutschlands voller Ängste, Grenzen und Mauern nicht wieder. Das ist nicht das Land, das ich erlebe. Das ist nicht *mein* Deutschland. Schlimm genug, dass viele diese negative Selbsteinschätzung zu teilen scheinen. Aber ich muss da ja nicht mitmachen. Ich will dem etwas anderes, Positiveres entgegensetzen. Wo ist das Narrativ von einem chancenreichen Deutschland? Von einem Land der Werte, der Selbstbestimmung und Gleichberechtigung? Von einem

Land, in dem sich Träume erfüllen können? Wo ist die Erzählung vom *German Dream*?

Viel zu oft fragen wir uns, was uns unterscheidet, nur ganz selten, was uns als Gesellschaft zusammenhält. Dabei ist es heute wichtiger denn je, einen emotionalen und zugleich vernünftigen Diskurs, der sich auf die gelebte Wirklichkeit der großen Mehrheit beruft, zu etablieren und dann auch selbstbewusst zu vertreten. Denn wenn wir es nicht tun, wenn wir diesen Raum in der Öffentlichkeit nicht besetzen, dann werden das Extremisten jeglicher Couleur übernehmen.

Am Ende meines Buches schrieb ich: »Der *German Dream* ist stärker als die *German Angst*. Damit der Traum in Erfüllung gehen kann, müssen alte und neue Deutsche weiter gemeinsam daran arbeiten. Mit dem *German Dream* ist ein Patriotismus verbunden, der sich nicht an der Herkunft der Deutschen, sondern an gemeinsamen Werten festmacht. Dass dieser Traum eines Tages Wirklichkeit wird, dafür lebe ich.«

Daran hat sich bis heute nichts geändert. Und doch ist seitdem einiges passiert. Viele Menschen haben mir dabei geholfen, das, was 2016 nur ein Entwurf von wenigen Seiten war, in etwas weitaus Größeres zu verwandeln – in die überparteiliche und gemeinnützige Bildungsinitiative *German Dream*. Sie verfolgt vor allem zwei Ziele: Zum einen möchte sie eine Debatte darüber anstoßen, wie wir in Zeiten großer Herausforderungen künftig als Gesellschaft zusammenleben wollen. Zum anderen sollen die Werte des Grundgesetzes vor allem jungen Menschen wieder und neu nahegebracht werden.

Wie beides und damit der *German Dream* gelingen kann, davon handelt dieses Buch. Es enthält persönliche Geschichten von Emanzipation, Gemeinsinn und Engagement, aber auch ganz konkrete Vorschläge zu einer neuen Integrationspolitik oder eine Kritik identitätspolitischer Vereinzelung. Immer steht dabei das im Mittelpunkt, was uns verbinden könnte, über alle politischen, ideologischen oder religiösen Gräben hinweg: das Ergreifen der Möglichkeiten, die uns dieses Land mit seinen demokratischen Werten bietet.

Dazu kommen Gespräche, die ich für dieses Buch geführt habe: mit Frauen in Führungspositionen wie Magdalena Rogl und Janina Kugel; mit Politikern wie Cem Özdemir und Wolfgang Schäuble, aber auch mit einem 17-jährigen Schüler oder einer in Deutschland lebenden Jesidin, deren Familie dem Völkermord durch den IS zum Opfer gefallen ist. Sie alle verkörpern, jeweils auf ihre ganz eigene Weise, den *German Dream* und stehen damit – trotz aller Herausforderungen, die es zu bewältigen gilt – für ein Deutschland der Chancen und der Zuversicht.

Düzen Tekkal
im Januar 2020

Es geht doch immer um das Leben

Eine Art Heimkommen

Er hatte es wieder gesagt: »Die mutige Kurdin ist da!« Das war fast schon ein Ritual geworden. Wann immer ich das Dilshad Palace Hotel in Dohuk betrat und der Hotelchef mich erblickte, begann er zu lachen und mich auf seine ganz eigene Weise zu begrüßen. Ich freute mich, ihn zu sehen. Er war mit allen Wassern gewaschen, ihm machte niemand so schnell etwas vor. Auf mich wirkte er wie jemand, der seine Furcht vor der Welt bereits vor längerer Zeit begraben hatte. In seinem Haus war schon so mancher Politiker, so mancher Journalist abgestiegen, und fast immer in den letzten Jahren war es in ihren Gesprächen um den Krieg gegangen. Mossul, die nordirakische Stadt, in der der IS-Anführer Abu Bakr al-Baghdadi im Juni 2014 die Gründung seines Kalifats ausgerufen hatte, liegt nur gute siebzig Kilometer entfernt.

Hier war ich also wieder, in der Autonomen Region Kurdistan, in diesem Hotel, das sich auf Luxus geschminkt hatte, die Risse in der auf den ersten Blick so glatt wirkenden Oberfläche aber zum Glück nicht verbergen konnte. Ich mochte die schon leicht verblichene Eleganz und das etwas Ramponierte. Es zeugte von Leben. Wie immer waren es auch hier die Risse und Sprünge, durch die das Licht hereinkommen konnte, das einem dabei half, die Dinge klarer zu sehen.

Es fiel mir leicht, sofort wieder in diese kurdische Welt einzutauchen. Gemeinsam Erlebtes und Durchgestandenes verbindet. Mit den Leuten hier hatte ich zusammen geweint und zusammen gelacht. Hier hatte ich so oft zu hören bekommen: »Bist du verrückt? Das kannst du doch nicht machen!« Doch immer hatte man mir dann trotzdem den Rücken frei gehalten bei allem, was ich tat. Irgendwann hatten mich sogar die Entscheidungsträger der Stadt zu sich gerufen. Im Herrenzimmer des Hotels saßen der Bürgermeister, der Uni-Präsident, der Gesundheitsminister und noch einige andere zusammen am Tisch. Natürlich waren es ausschließlich Männer, natürlich wurde Whisky gereicht. Aber sie hörten mir zu, und wir überlegten und diskutierten auf Augenhöhe. Und nach einer Weile hob einer der Männer sein Glas, sah mich an und sagte: »Wir sind stolz auf dich und auf das, was du hier machst.« Beinahe war es, als hätte er gesagt: Willkommen in der Familie.

Und jetzt, im März 2019, betrat ich mein Hotelzimmer, wie schon so oft, und kehrte zurück in ein längst vertrautes Bild: das holzverkleidete Bett, die schweren Brokatvorhänge, der braune Teppich. Hinter mir fiel die Tür ins Schloss. Plötzlich war alles still. Niemand wollte mehr etwas von mir. Manchmal braucht man solche Momente, in denen man kurz innehalten und Bilanz ziehen kann; in denen man sich fragen kann, auf welchem Abschnitt des Weges man sich gerade befindet. An der Wand hing ein großer Spiegel. Ich stellte mich vor ihn und sah mir ins Gesicht.

»Wenn du hierherkommst, bringst du das Leben mit!«, hatte mir unser Projektleiter vor Ort einmal gesagt, und ich hatte mich sehr darüber gefreut. Aber man kann nicht ewig das Leben mitbringen, ohne Gefahr zu laufen, dass es einem selbst nach und nach abhandenkommt. In diesem Hotel hatte ich so viel erlebt, hier war so viel passiert. Nun sah ich, dass all das einen Preis gekostet hatte. Ich war nicht mehr die, die 2014 zum ersten Mal in den Nordirak gekommen war. Damals waren die Kämpfer des IS nur wenige Kilometer entfernt gewesen. Fünf Jahre lagen diese Tage nun schon zurück, es würden wohl für immer die traurigsten, die heftigsten, aber auch die wichtigsten Tage meines Lebens bleiben. Sie hatten alles verändert. Beim Blick in den Spiegel wurde mir klar, dass ich bei dem, was sich seitdem ereignet hatte, nicht ungeschoren davongekommen war. Die letzten fünf Jahre hatten ihre Spuren hinterlassen.

Weg von hier – das ist mein Ziel

Ich war noch nicht in der Grundschule, als mein Vater mich eines Tages in den niedersächsischen Landtag mitnahm. Von unserem Platz auf der Besuchertribüne aus wollte er mir zeigen, wie die Politiker debattierten und um die Lösung von Problemen rangen. Ich sollte sehen, wie die Demokratie in der Bundesrepublik funktionierte, auf die er selbst so große Stücke hielt, weil sie uns allen ein neues Leben in Freiheit ermöglicht hatte. Beim Verlassen des Landtags sagte er zum ersten Mal einen Satz zu mir, den ich später noch des Öfteren von ihm hören sollte: »Ich möchte, dass du eines Tages einmal Politikerin oder Journalistin wirst.«

Ich fragte zurück: »Warum, Papa?«

»Damit du die Geschichte deines Volkes erzählen kannst.«

»Dein Volk«, damit waren die Jesiden gemeint. Ich bin mir fast sicher: Bis vor ein paar Jahren hätten nicht einmal meine engsten Freunde viel über die Jesiden gewusst. Über diese Religionsgemeinschaft, die eine der ältesten der Welt ist und, im Gegensatz etwa zum Christentum oder dem Islam, keine heilige Schrift kennt – die Glaubensinhalte werden ausschließlich mündlich weitergegeben. Man kann zum Jesidentum nicht konvertieren, Jeside ist man von Geburt. Auch aus diesem Grund herrscht bis heute strikte Endogamie, sprich: keine Ehe mit Nicht-Jesiden. Andernfalls droht der Ausschluss aus der Gemeinschaft.

Die Jesiden siedelten sich in ihrer Geschichte hauptsächlich im Norden des Irak, in Syrien und in der Türkei an. Dort, genauer gesagt in einem kleinen Dorf in Südostanatolien, sind auch meine Eltern zur Welt gekommen. Dort lernten sie sich kennen, dort heirateten sie, und von dort brach mein Vater 1968 auf, um wie viele andere Gastarbeiter in Deutschland sein Glück zu versuchen. Über Umwege landete er in Hannover, und einige Jahre darauf konnte er meine Mutter und meine beiden ältesten, noch in der Türkei geborenen Geschwister nachholen. Aber auch in der Fremde verlor mein Vater die Sache der Jesiden nie aus dem Blick, die in ihren ursprünglichen Siedlungsgebieten immer wieder Unterdrückung und Verfolgung ausgesetzt waren. Daran, dass in den 1990er-Jahren die deutsche Bundesregierung unter Helmut Kohl die Jesiden als verfolgte und asylrechtlich zu schützende Religionsgemeinschaft anerkannte, hat auch mein Vater seinen Anteil.

Ich konnte ihm seinen Wunsch erfüllen. Ich wurde Journalistin. Beim Privatsender RTL lernte ich nicht nur das Handwerk des Filmemachens, sondern auch, mit Belastung und Druck umzugehen. Ausflüchte zählen nicht, wenn ein Beitrag fertig werden muss. Besser lässt man sich erst gar keine einfallen, sondern sorgt dafür, dass man alles bis zur Sendung hinbekommt. Den Stoff für meine Beiträge fand ich auf der Straße. Ich dachte mir nichts aus, und ich beschönigte nichts. Ich zeigte das Leben. Aber ein Leben, das man in großen Teilen Deutschlands vielleicht noch nicht kannte, in manchen migrantischen Communitys dafür umso besser. Es ging um Polygamie und Zwangsheirat, um Intensivtäter und Friedensrichter, um Gewalt und um Ehrenmorde.

Nur um die Jesiden, so wie es sich mein Vater einst erhofft hatte, ging es nie. Das Thema schien einfach nicht quotenträchtig genug. Je mehr Zeit verging, desto stärker spürte ich, dass meine Zukunft nicht beim Privatfernsehen lag. Ich wollte mehr und anderes. Als ich 2013 schließlich kündigte, konnte das keiner verstehen, am allerwenigsten meine Eltern. Auch mein Vorgesetzter war irritiert. Er fragte mich nach den Gründen für meinen Entschluss. Schon in der Schule war mir durch meinen Deutschlehrer eine kleine Geschichte von Franz Kafka nahegebracht worden, die mir seitdem so manches Mal dabei geholfen hat, mich wieder aufs Wesentliche zu besinnen und meinem eigenen Weg zu folgen. Die Geschichte trägt den Titel »Der Aufbruch« und handelt genau davon, vom Zurücklassen des Alten und der Suche nach Neuem. Sie fiel mir auch im Gespräch mit meinem Vorgesetzten bei RTL wieder ein. Als er mich fragte, wohin ich nun vorhätte zu gehen, gab Kafka mir die Antwort in den Mund: »Weg von hier – das ist mein Ziel.«

Obwohl ich für gewöhnlich eher wenig für Esoterik übrighabe, glaube ich doch daran, dass es für jeden Einzelnen von uns einen Grund gibt, warum er oder sie auf der Welt ist. Ich glaube an Aufgaben, die auf uns warten und die nur von uns allein und von keinem anderen erfüllt werden können. Ich wollte, nein, ich musste die Geschichte meines Volkes erzählen. Ich würde zum Ursprung meiner Religionsgemeinschaft reisen, in die jesidischen Siedlungsgebiete im Nordirak, und meine Eindrücke anschließend in einem Dokumentarfilm verarbeiten. Mein Vater würde mich begleiten, und es würde, wie es bei Kafka heißt, eine »wahrhaft ungeheure Reise« werden.

Es sollte anders kommen.

Chronistin eines Völkermords

Am 3. August 2014 überfielen IS-Kämpfer die Gebiete der Jesiden im Nordirak. Ihr Ziel war die Auslöschung aller Angehörigen dieser Religion, die auch eine ethnische Minderheit bilden – der Völkermord. Mehrere Tausend Männer und Jungen ab vierzehn Jahren wurden, oft vor den Augen ihrer Familien, getötet. Etwa siebentausend Frauen und Kinder wurden gefangen genommen und verschleppt. Mädchen, manche von ihnen noch nicht einmal zehn Jahre alt, wurden vergewaltigt, zwangsverheiratet und auf Sklavenmärkten verkauft. Wie sie mussten auch die Jungen zum Islam konvertieren. Anschließend wurden sie dazu gezwungen, dem IS als Kindersoldaten zu dienen.

Wer fliehen konnte, schlug sich im Sindschar-Gebirge nahe der syrischen Grenze durch, ohne Wasser und Nahrung in extremer Hitze. Mütter mussten ihre toten Kinder zurücklassen. Schwangere, Alte und Kranke verdursteten. Insgesamt flohen Hunderttausende. Menschen, die niemandem etwas getan hatten, die einfach nur leben wollten, deren Angehörige der IS umgebracht oder entführt hatte, nur weil sie Jesiden waren.

Am 5. August 2014 sah ich auf dem Display meines Telefons zum ersten Mal eine exotische Vorwahl. Von diesem Moment an hörte es nicht mehr auf zu klingeln. Es hatte sich bis in den Irak herumgesprochen, dass es im fernen Deutschland eine jesidische Journalistin gab. Die Menschen, die mich anriefen, fürchteten um ihr Leben. Sie schrien und flehten um Hilfe. Und sie erzählten mir, was der IS ihnen angetan hatte. Das Leid, das diesen Menschen widerfahren war, überstieg all meine Vorstellungskraft.

Was sollte ich tun? Hinfahren oder wegsehen? Einfach wegsehen, wie es fast die ganze Welt gerade tat? Das Leben um mich herum ging weiter, als wäre gar nichts passiert. Ich konnte das nicht verstehen. Ich musste versuchen, etwas dagegen zu tun. So lange schon hatte ich den Film über meine jesidischen Wurzeln drehen wollen. Wie würde ich es vor mir selbst rechtfertigen können, wenn ich jetzt, da das Jesidentum ausgelöscht werden sollte, zu Hause blieb und meiner Aufgabe als Filmemacherin nicht nachkam? Meine Oma hatte mir des Öfteren von der Unterdrückung der Jesiden erzählt, immer war mir das wie ein Märchen aus Tausendundeiner Nacht erschienen. Bis jetzt.

Ich flog in den Irak, und mein Vater begleitete mich; genau wie wir es geplant hatten. Nur dass wir jetzt beide zu Chronisten eines Völkermords wurden. Ich bin keine Hasardeurin. Ich hänge an meinem Leben. Und ich wusste, wie gefährlich der Ort war, an den wir reisten – genau eine Woche nachdem der IS den US-amerikanischen Journalisten James Foley enthauptet und Bilder seines toten Körpers ins Netz gestellt hatte. Ja, ich verspürte große Angst, größere als jemals zuvor in meinem Leben. Aber da war auch noch etwas anderes, nämlich der Wille, Zeugnis abzulegen, Öffentlichkeit herzustellen, zu berichten und es nicht zu akzeptieren, dass scheinbar keiner Notiz nahm von dem, was die Menschen, die mich anriefen, erlitten hatten.

Obwohl ich ihre Erzählungen gehört hatte, traf mich das, was ich im Irak erlebte, dennoch vollkommen unerwartet. Wie hätte ich mich auch wappnen können? Niemand vermag sich auf einen Schrecken vorzubereiten, der so fundamental ist, dass er sich letztlich gegen das Begreifen sperrt. Von Erbil aus, der Hauptstadt der Autonomen Region Kurdistan, fuhren wir in die Flüchtlingslager. Ich sah riesige Zeltstädte voller Menschen, die gezeichnet waren von dem, was der IS ihnen angetan hatte; die aber auch wütend waren, weil sie sich im Stich gelassen fühlten. Die Bilder, die sie durch ihre Berichte heraufbeschworen, haben sich genauso in mein Gedächtnis eingebrannt wie das, was ich mit eigenen Augen sah. Jeder Journalist hat den Ehrgeiz, »ganz nah am Thema dran« zu sein. Aber vielleicht kann man seinem Thema manchmal auch *zu* nahe kommen. Während dieser Tage kam es mir oft so vor, als würde ich innerlich in Stücke gerissen.

Gleichzeitig stellte sich aber auch eine Art Urvertrauen zu den Menschen ein, die uns vor Ort begleiteten und beschützten. Sie riskierten Leib und Leben für uns, etwa als wir einen jesidischen Kämpfer aus Deutschland an die Front begleiteten. Sie hätten nicht gezögert, sich als lebende Schutzschilde vor uns zu stellen, denn auch sie wollten, dass die Weltöffentlichkeit hinsah und wahrnahm, was geschah. In einer derartigen Ausnahmesituation, in der es buchstäblich um Leben und Tod geht, verliert sich jeder Zweifel. Alles wird ganz klar und eindeutig, und man muss, ob man will oder nicht, zu einer radikalen Ehrlichkeit finden, auch sich selbst gegenüber.

Zuvor hatte die Religion keine allzu große Rolle für mich gespielt. Ich war viel eher damit beschäftigt gewesen, meine Chancen wahrzunehmen für ein Leben in Selbstverwirklichung und Freiheit. Doch der Völkermord an den Jesiden konfrontierte mich auf die denkbar brutalste Weise mit meinen eigenen Wurzeln. Dass Menschen umgebracht worden waren, die wie meine Eltern ausgesehen und dieselbe Sozialisation erfahren hatten wie sie; dass die jesidische Religionsgemeinschaft mit Waffengewalt verteidigt werden musste, ließ auch meine eigene Religiosität nicht unberührt. Ich entdeckte eine Verbundenheit zum Jesidentum, die vielleicht schon immer bestanden hatte, die mir aber erst jetzt wirklich bewusst wurde.

Back to Life

Es klingt makaber, doch es ist leider die Wahrheit – der IS hat den Jesiden zu trauriger Berühmtheit verholfen. Erst als es schon beinahe zu spät war, begann sich die Welt für dieses Volk und sein Schicksal zu interessieren, weil die Bilder von der Flucht der Jesiden aus dem Sindschar-Gebirge keinen, der sie sah, unberührt gelassen haben. Und doch: Was blieb wirklich im Gedächtnis außer ein paar dramatischen Momentaufnahmen? Wen interessiert schon das furchtbare

Leid eines vergewaltigten Mädchens, dessen Sprache man nicht versteht und das Tausende von Kilometern von einem entfernt lebt, in einer Region, die der durchschnittliche mitteleuropäische Nachrichtenschauer längst schon abgeschrieben hat, weil er sie nur noch mit Krieg, Mord und Aussichtslosigkeit assoziiert?

Ich möchte mich selbst da gar nicht ausnehmen. Ob ich mich auch in anderen Konflikten, in anderen Fällen von Unterdrückung, Vertreibung und Mord ähnlich engagiert hätte? Vermutlich nicht. Wenn ich vor Schülern stehe und ihnen von meiner Arbeit und vom Jahr 2014 erzähle, dann schäme ich mich immer ein bisschen dafür, dass ich die Reise in den Irak damals nur aus einem Grund unternommen habe: weil ich Jesidin bin. Gleichzeitig möchte ich ihnen dadurch aber auch vermitteln, dass man irgendwann an einen Punkt kommen kann, an dem Wegschauen und Nichtstun keine Optionen mehr sind – weil zu viel von dem auf dem Spiel steht, was Menschen friedlich und in Freiheit und Würde zusammenleben lässt.

Der Dokumentarfilm, den ich aus dem Material, das wir unterwegs gedreht hatten, zusammenstellte, ging aufs Ganze. Es sollte kein Film sein, der auf die Quote schielt; keiner, der die Zuschauer nur kurz packt, bevor sie sich dann schnell wieder ihrem Gespräch über das Abendessen oder den bevorstehenden Wochenendausflug zuwenden. Mir ging es um viel mehr. Mit diesem Film wollte ich jedermann vor Augen führen, was den Jesiden angetan worden war; was es bedeutet, einen Völkermord erleiden zu müssen. Die Stimme der Jesiden war viel zu lange nicht gehört worden, und noch immer drang sie nicht genug an die Öffentlichkeit. Dass sich das änderte, dazu wollte ich beitragen. Daher gab ich dem Film den Titel *HÁWAR*, was in der kurdischen Sprache nichts anderes bedeutet als »Hilferuf«.

Die über das Internet verbreiteten Bilder und Propaganda-Videos der Täter kannte die ganze Welt. Mit meinem Film wollte ich von den Opfern erzählen. Den Überlebenden sollte eine Stimme gegeben, ihr Leid sollte fassbar werden, zumindest in dem Maße, wie es ein Film zu leisten vermag. Noch beim Drehen im Irak hatte ich mich von allen journalistischen Neutralitätsgeboten verabschiedet. Ich konnte nicht so tun, als gingen mich die Klagen der Frauen in den Flüchtlingslagern oder die Berichte der jesidischen Kämpfer nichts an. Ich war mittendrin, und der Film sollte meine Gedanken und Gefühle auch gar nicht aussparen. Um diesen subjektiven Ansatz von vornherein deutlich zu machen, entschloss ich mich zu dem Untertitel *Meine Reise in den Genozid.*

Der Film begründete meine Arbeit als Menschenrechtsaktivistin. Seine Wirkung hält bis heute an. Er wurde im Bundestag gezeigt, im Europäischen Parlament, bei den Vereinten Nationen. Er eröffnete uns die Möglichkeit, auf Missstände hinzuweisen, und er gab auch den jesidischen Frauen, die der IS-Gefangenschaft entkommen waren, erstmals die Gelegenheit, ihre Geschichte zu erzählen. Damit wurde ein Tabu gebrochen. Doch das war nötig, denn ich bin fest davon überzeugt, dass das Verschweigen eines Unrechts das Unrecht nur noch größer macht. Eine der Frauen, die im Film zu sehen sind, ist Nadia Murad. Einige Jahre später, im Dezember 2018, sollte sie für ihren Einsatz gegen sexuelle Gewalt als Waffe in Kriegen und Konfliktgebieten mit dem Friedensnobelpreis ausgezeichnet werden.

Der Film öffnete so manche Tür, die mir ansonsten verschlossen geblieben wäre. Aber vor allem erlaubte er es mir, mit der Unterstützung von Politikern und Privatpersonen, die Menschenrechtsorganisation *HÁWAR.help* zu gründen. Sie steht für das Bestreben, eine Welt zu schaffen, in der sich jeder Mensch unabhängig von Geschlecht, Ethnie oder Religion selbstbestimmt und in Sicherheit entfalten kann; in der die Menschenrechte geachtet und in gegenseitiger Toleranz gelebt werden; in der Menschen durch Bildung und eine offene Gesellschaft Chancen ergreifen können.

Konkret heißt das unter anderem, dass wir in vielen Veranstaltungen, beispielsweise in Schulen, über den Völkermord an den Jesiden informieren. Dadurch wollen wir ein allgemeines Bewusstsein schaffen für die Lebenssituationen von Verfolgten. Ihre Chancen auf Bildung und Teilhabe an der Gesellschaft müssen gefördert werden.

Aber wir helfen auch vor Ort, im Irak, wo sich derzeit etwa drei Millionen Menschen auf der Flucht befinden. Ihnen fehlt es an allem. Daher verteilen wir Lebensmittel, Kleidung, Decken und Spielzeug an Frauen und Kinder, die in Flüchtlingslagern leben. Und drittens wollen wir dazu beitragen, Frauen aus IS-Gefangenschaft zu neuer Kraft und Stärke zu verhelfen. Etwa indem wir Räume und Ressourcen zur Verfügung stellen, die es ihnen ermöglichen, neue Fertigkeiten zu erlernen und ihr eigenes Geld zu verdienen. Frauen können als *agents of change* maßgeblich den Wandel patriarchalischer Gesellschaften vorantreiben. Wenn sich eine Frau emanzipiert, verändert das die ganze Familie und auf lange Sicht auch die Gesellschaft. Im Moment bieten wir knapp neunhundert Frauen – nicht nur Jesidinnen, sondern auch Musliminnen und Christinnen – in unserem »Back to Life«-Center im Irak unter anderem Alphabetisierungs-

und Nähkurse an. Die Frauen sollen ermächtigt werden, ihr Schicksal in die eigene Hand zu nehmen. So können sie zu Vorbildern werden, nicht zuletzt für ihre Kinder, denen sie zeigen, dass ein anderes, freieres Leben möglich ist.

Als ich aus dem Irak zurückkam, nahm ich Deutschland mit anderen Augen wahr. Ich hatte gesehen, was passiert, wenn der Pfad der Zivilisation, der Menschlichkeit und des Friedens verlassen wird. Immer beginnt es mit Spaltung und Ausgrenzung, damit, dass man mit dem Finger auf »die anderen« zeigt. Und dann wird es sehr schnell sehr dunkel. Die jesidischen Frauen unterschieden sich nicht von mir. Wäre ich nicht in Deutschland zur Welt gekommen, sondern im Irak, wäre ich eine von ihnen gewesen. Am falschen Fleck dieser Erde geboren zu sein, kann ausreichen, um zur Zielscheibe zu werden. Die Süße der eigenen Freiheit wird einem zumeist erst dann bewusst, wenn man Menschen begegnet, denen die Freiheit genommen worden ist.

Was für ein Glück, morgens aufzuwachen und frei zu sein. Was für ein Glück, in einem Land zu wohnen, in dem man seine Meinung äußern darf, ohne dafür ins Gefängnis zu wandern; in dem man machen kann, was immer man möchte, wenn man sich an gewisse Spielregeln hält; in dem Frauen und Männer gleichgestellt sind; in dem man seine Wünsche formulieren kann und träumen darf. Was für ein Glück. Dieses Glück ist mein *German Dream*. Ein Traum von Solidarität, Toleranz und Chancengerechtigkeit. Nie geht es nur um ein Ich, immer auch um ein Wir, um die Gesellschaft als ganze. Ich habe unsere ureigenen bundesrepublikanischen Werte noch einmal neu kennengelernt, als ich aus der Ferne auf Deutschland schaute. Wir dürfen nicht zulassen, dass diese Werte infrage gestellt, bedroht oder

mit Füßen getreten werden. Wir müssen uns wehren, gegen
dumpfen Nationalismus ebenso wie gegen religiösen Extremismus.

Ein Ja zum Licht

Seit 2014 bin ich unzählige Male in den Irak gefahren, aber
die Reise im März 2019 war die schwerste von allen. Und
das, obwohl sich der IS beinahe überall auf dem Rückzug
befand. Aber dadurch wurde auch das Ausmaß der Zer-
störung, die er hinterlassen hatte, sichtbar. In Deutschland
flammte zu dieser Zeit gerade eine Diskussion um IS-Rück-
kehrer auf. Wie sollte mit ihnen verfahren, wie sollten sie
für ihre Taten zur Rechenschaft gezogen werden? So mancher Beitrag schien mir ein wenig zu viel Empathie für die
Täter zu enthalten. Von den Opfern, die unter dem IS gelitten hatten, allen voran die Jesiden, war kaum mehr die Rede.
Das war einer der Gründe für mein erneutes Aufbrechen.
Ich wollte den Opfern einmal mehr ein Gesicht und eine
Stimme geben.

Manche von ihnen waren gerade erst ihren Peinigern entkommen, nach fast fünf Jahren Gefangenschaft und Mar-
tyrium. Jesidische Jungen, die versklavt worden waren und
nach ihrer Befreiung durch die Demokratischen Kräfte Syri-
ens (SDF) wieder in ihr altes Leben zurückkehren sollten. Sie
saßen vor mir, mit zerzausten Haaren, ihre Blicke wie erlo-
schen. Alles Leben schien aus ihnen gewichen. Sie waren wie
Tiere behandelt worden, eingesperrt bei so wenig Nahrung,
dass es gerade noch zum Überleben reichte. Ihre Geschichten ähnelten sich. Ich hörte von permanenter Gewalt und

Erniedrigung; von den Beschimpfungen als »Teufelsanbeter«; von einem regelrechten Umerziehungsprogramm, dem der IS die Jungen unterworfen hatte, sodass sie am Ende dazu bereit gewesen waren, die eigenen Eltern zu verraten oder als »Ungläubige« zu verhöhnen.

Einer der ehemaligen Kindersoldaten war Dilber. Seine Tante war 2015 als eine der Überlebenden des Völkermords mit einem Sonderkontingent nach Baden-Württemberg gekommen. Sie hatte mir von Dilbers Schicksal berichtet, vom Vater, der von IS-Kämpfern hingerichtet worden war, von der Mutter, die der IS zunächst gefangen genommen, dann aber ebenfalls getötet hatte. Als ich Dilber schließlich sah, wenige Tage nach seiner Befreiung, konnte ich fast keine Ähnlichkeit mehr erkennen mit dem fröhlichen Jungen auf den Fotos, die mir seine Tante gezeigt hatte. Sein halbes Leben hatte er in IS-Gefangenschaft verbracht, dabei war ihm nach und nach auch seine kurdische Muttersprache abhandengekommen. Dilbers Gesicht war voller Narben. Sein Onkel, der sich von nun an um ihn kümmern würde, erzählte mir, wie Dilbers Mutter es noch einmal geschafft hatte, heimlich zu telefonieren. Immer wieder habe sie geschrien: »Sie bringen meinen Sohn um, er hat offene Wunden im Gesicht, und ich darf ihn nicht verarzten, ich darf ihm nicht helfen!« Das war das letzte Lebenszeichen von Dilbers Mutter. Nur wenige Tage später wurde sie in Tal Afar umgebracht.

Die Erzählungen verfolgten mich bis in den Schlaf. Ich spürte, dass meine Haut dünner geworden war. Ich schaffte es nicht mehr so gut wie früher, mit den Eindrücken fertigzuwerden. Meine Kräfte hatten nachgelassen. Das machte sich auch bemerkbar, als ich, ebenfalls während dieser Reise, vor einer folgenreichen Entscheidung stand. Ich hatte die Möglichkeit zu einem Exklusiv-Interview mit deutschen IS-Kämpfern in Syrien bekommen. Obwohl mir die kurdische Zentralregierung aufgrund der großen Entführungsgefahr dringend davon abriet, den Trip zu wagen, und obwohl meine Eltern mich verzweifelt von meinem Vorhaben abzubringen versuchten, hatte ich schon alles organisiert – auf welchem Weg mein Kameramann und ich nach Syrien kommen würden, wer uns abholen und wie das Gespräch ablaufen würde. Ich war überzeugt davon, das Richtige zu tun. Erst mit Verzögerung kamen mir Zweifel.

Am Ende, nach achtundvierzig Stunden ständigen Hin-und-her-Überlegens, entschied ich mich gegen die Fahrt nach Syrien. In diesem Moment der Entscheidung ist etwas in mir gestorben. Etwas, woran ich lange, lange Zeit eisern festgehalten hatte: meine journalistische Neugier und meine journalistische Furchtlosigkeit. Ich bin mir sicher, dass ich fünf Jahre zuvor nach Syrien gefahren wäre. Aber die alte Düzen gab es nicht mehr. Und das sah ich nun, wenn ich in den Spiegel schaute, hier, in diesem Zimmer, im Dilshad Palace Hotel in Dohuk. Ich sah einen anderen Menschen als den, den ich in den alten Videos sah, die ich gelegentlich auf meiner Twitter-Seite veröffentlichte. Videos von meiner ersten Reise in den Irak, Lichtjahre schien das her. Der Krieg hatte mich verändert, mit allen Konsequenzen. Ich hatte Leichtigkeit und Unbeschwertheit eingebüßt, und nun schien es, als wäre ich an eine Grenze gekommen. Ich bereue nichts. Ich würde alles jederzeit noch einmal ganz genauso machen. Aber alles hat seine Zeit.

Wie so oft konnte ich mich auch dieses Mal wieder auf meine Intuition verlassen. Sie sagte mir, was richtig war und was falsch, und richtig fühlte es sich an, auf die Fahrt nach Syrien zu verzichten und Nein zu sagen. Nein zum Dunkel, Nein zum unkalkulierbaren Risiko, Nein zur Hölle. Am nächsten Tag erfuhr ich, dass exakt an der Stelle, wo mich die Kämpfer zum Gespräch abgeholt hätten, eine Bombe explodiert war.

Das Nein zum Dunkel bedeutete auch ein Ja zum Licht. In den vergangenen Monaten hatten wir die letzten Vorarbeiten für *German Dream* abgeschlossen, eine von mir gegründete Bildungsinitiative, die nun in den Startlöchern stand. Auch daran dachte ich, als ich mich gegen die Fahrt nach Syrien entschied. Ich dachte an die Menschen, die mich bei den Vorbereitungen unterstützt hatten und deren Engagement und Liebe zu unserer gemeinsamen Sache mir so viel bedeuteten. Wenn man es pathetisch formulieren wollte, könnte man sagen: Der *German Dream* hat mich gerettet, denn er hat mir gezeigt, dass die Dinge auch eine helle Seite haben können.

Mit *HÁWAR.help* hatten wir es geschafft, die deutsche Öffentlichkeit für ein Thema zu sensibilisieren, das so weit weg vom bundesrepublikanischen Alltag ist: für den Völkermord an einer jahrtausendealten Religionsgemeinschaft. Weil uns das gelungen war, hatte ich keinen Zweifel daran, dass es nun auch gelingen konnte, gemeinsam den Traum von einem friedlichen, freiheitlich-demokratischen Zusammenleben in Deutschland zu träumen und vielleicht sogar ein Stück weit neu wahr werden zu lassen. Obwohl es zwei völlig verschiedene Organisationen sind, hängen *HÁWAR. help* und *German Dream* doch ganz eng miteinander zusammen. Sie kommen aus demselben Herzen.

Nach meiner Rückkehr aus dem Irak stellte ich meinen

zweiten Dokumentarfilm fertig. Er handelt von psychischer Widerstandskraft. Am Anfang steht der Völkermord, am Ende der Satz einer Überlebenden:»Ich bin stärker als der IS.« Der Film trägt den Titel *Jiyan – Die vergessenen Opfer des IS*. Es geht doch immer um das Leben, um Selbstbestimmung und auch um Mut. Man muss die Herausforderungen des Lebens annehmen. Man muss sich trauen, nach draußen zu gehen und sich in den Wind zu stellen. Das Gefühl, das man danach verspürt, ist Glück. Mit diesem Film schließe ich etwas ab. Aber ein neues Kapitel ist schon aufgeschlagen. Zeit für den *German Dream*.

Ein Traum, der sich erfüllt:
Die Bildungsinitiative *German Dream*

Alltäglicher und kultureller Rassismus

Die Debatte war überfällig. Mit dem Hashtag MeTwo schuf der Autor und Aktivist Ali Çan im Sommer 2018 eine Plattform, auf der Menschen mit Migrationshintergrund über ihre Erfahrungen mit alltäglichem oder auch strukturellem Rassismus berichten konnten. Tausende teilten ihre Geschichten. Sie alle verbindet, dass sie sich in zwei Welten gleichermaßen zu Hause fühlen. Sie wollen den Begriff »Heimat« sowohl auf Deutschland als auch auf das Land, aus dem sie selbst oder ihre Eltern stammen, bezogen wissen. Wer zwei Ichs besitzt, fühlt sich zwei (oder auch mehr) Gegenden, Kulturen, Sprachen zugehörig und will nicht vor die Wahl gestellt werden, sich für ein Ich entscheiden zu müssen.

Aber leider macht Rassismus genau das: Er legt erst fest und sortiert, dann grenzt er aus. Rassismus braucht stets Eindeutigkeit. Er scheidet das »Eigene« vom »Fremden« – wie auch immer beides jeweils definiert wird. Heimat in den

Plural zu setzen käme ihm nie in den Sinn. Dass jemand zwei Ichs haben kann, erst recht nicht. Deshalb war jeder einzelne Beitrag auf #MeTwo eine Wortmeldung gegen den Versuch, Vielfalt durch Diskriminierung zu unterdrücken.

Alle Beiträge zusammen ergaben eine einzige große Geschichte der Ausgrenzung. Die »falsche« Haut- oder Haarfarbe kann genügen, dass einem die Tür eines Clubs vor der Nase zugeschlagen wird. Ein »falscher« Nachname kann darüber entscheiden, ob man zum Vorstellungsgespräch oder zur Wohnungsbesichtigung eingeladen wird. Ein »falscher« Vorname kann über eine schulische Laufbahn entscheiden. Wir wissen mittlerweile aus Studien, dass Lehramtsstudenten eine Ayşe oder einen Mustafa im Diktat schlechter bewerten als eine Josefine oder einen Maximilian, und zwar selbst dann, wenn ihre Arbeiten die identische Anzahl von Fehlern aufweisen.

Die Bildungswissenschaftlerin Aylin Karabulut hat diesen, wie sie es nennt, »kulturellen Rassismus« in der Schule eingehend erforscht. Schockierend oft werden Schülerinnen und Schüler mit Zuwanderungsgeschichte nicht als Individuen wahrgenommen, sondern aufgrund ihrer Herkunft oder ihrer Religion allein als Teil einer als homogen gedachten, mit negativen Stereotypen belegten Gruppe. Gerade für Jugendliche kann das gravierende Folgen haben, denn die Schullaufbahn entscheidet nicht selten über das ganze weitere Leben.

Nun geht es nicht darum, aus blindem Aktionismus Kinder mit Zuwanderungsgeschichte zu bevorzugen. Aber sie müssen die Chance bekommen, im Bildungssystem überhaupt Fuß zu fassen. Sie müssen Unterstützung erfahren und so die Möglichkeit haben, lernen und ihren Bildungshunger stillen zu können. Dieser Bildungshunger ist real. All die, die nicht satt sind und etwas beweisen wollen, verspüren ihn. Sie brennen darauf, voranzukommen, Neues kennenzulernen und sich selbst zu verwirklichen. Das nicht wertzuschätzen und Potenziale brachliegen zu lassen, ja manchmal ihre Entfaltung sogar gezielt zu torpedieren, ist mit das Schlimmste, was man jungen Menschen antun kann. Nichts legt Menschen mehr in Ketten, als ihnen das Gefühl zu geben, nicht gut genug zu sein.

Bei #MeTwo fand vieles Platz, was zu oft unter den Teppich gekehrt wird. Nicht nur der bis in die gesellschaftlichen Strukturen hineinreichende Rassismus. Es ging auch um den abschätzigen Blick, den wie beiläufig dahingesagten Satz oder die nur vermeintlich arglose Frage, die alle eine ganz bestimmte Botschaft transportieren: Du bist anders als wir, und daher gehörst du nicht zu uns. Auch ich meldete mich zu Wort und schilderte ein Erlebnis, das sich in mein Gedächtnis eingebrannt hatte. Als ich in der Grundschule war, besuchte ich einmal meine Freundin Daniela. Ihr Vater war auch daheim. Er musterte mich von oben bis unten, dann sagte er: »Du hast ja einen Schulranzen! Das geht nicht – Ausländer haben ALDI-Tüten!« Vielleicht hatte er es als Scherz gemeint, er traf mich mit seinen Worten aber bis ins Innerste. Fortan schämte ich mich für meine Geschwister, die beim Discounter einkaufen gingen. Selber setzte ich keinen Fuß mehr in einen ALDI-Markt, bis ich fast erwachsen war. Der Vater meiner Freundin sollte nicht recht behalten. Ich wollte nicht dem Bild des »typischen Ausländers« entsprechen. Erst viel später konnte ich die Bemerkung als eine typische Form von alltäglichem Rassismus einordnen.

Und doch störte mich etwas an der #MeTwo-Debatte, störte mich sogar sehr. Das Bild, das sie zeichnete, kannte nur Schwarz und Weiß, keine Grautöne. Hier die autochthon Deutschen, Rassisten allesamt, dort die Migranten, ihre Opfer. Was stereotype Wahrnehmungen und Verhaltensweisen entlarven wollte, tappte oft selbst in die Falle pauschaler Zuschreibungen. Damit wollte ich mich nicht abfinden. Als kurdische Jesidin, also als Minderheit in der Minderheit, hatte ich meine heile Welt immer von beiden Seiten bedroht gesehen, von den autochthon Deutschen ebenso wie von den Migranten. Fielen diese Erfahrungen dann nicht ebenfalls unter #MeTwo? Davon war ich überzeugt. Ihr wollt über Rassismus und Diskriminierung reden? Okay, das machen wir! Aber dann lasst uns bitte auch ehrlich sein und die ganze Geschichte erzählen und es nicht bei einer Hälfte belassen.

Ich teilte Erfahrungen wie die oben geschilderte mit dem Vater meiner Freundin, doch ich erzählte auch, wie mich Migranten in der Schule angingen, wie sie mich abstempelten, wenn ich einen kurzen Rock trug, zu Fasching als »Disco-Mädchen« ging oder Schweinefleisch auf meinem Pausenbrot hatte: »Was bist du denn für eine Ungläubige? Bist du Deutsche, oder was?« Und das war natürlich als Beleidigung gemeint.

Oder da war jener noch gar nicht so lange zurückliegende Abend, an dem ich mit einigen Migrantinnen verabredet war und beim Betreten des Raums mit den Worten begrüßt wurde: »Ah, die Islam-Feindin ist da!« Auch unter dieses Erlebnis setzte ich »#MeTwo«, denn ich war aufgrund meiner Religionszugehörigkeit diskriminiert worden. Dass es Rassismus und Ausgrenzung in Deutschland gibt, steht außer Frage. Aber er kommt nicht immer nur aus der Ecke, aus der man ihn normalerweise erwartet. Darüber müssen wir diskutieren.

Integration beginnt im Kleinen, im Alltag. Wir sollten den Mut aufbringen, Zivilcourage zu zeigen, wenn es erforderlich ist. Zum Beispiel, indem wir uns einmischen, wenn die Frau, die im Supermarkt vor uns in der Schlange steht, nur deshalb vom Verkäufer von oben herab behandelt wird, weil sie gebrochen Deutsch spricht. Aber wir dürfen auch nicht schweigen, wenn eine Frau von jungen Männern mit Zuwanderungsgeschichte aufgrund ihrer Kleidung oder ihres selbstbewussten Auftretens sexualisiert und beleidigt wird. Beides gehört gleichermaßen verurteilt.

Ich gebe es zu – ich war und bin genervt davon, wie sich manche Migranten kollektiv die Opferrolle zuschreiben. Bizarrerweise handelt es sich dabei nicht selten um Leistungsträger unserer Gesellschaft. Also um Menschen, die es geschafft haben, sich ihren Traum zu erfüllen, und Journalistinnen, Politiker oder Verbandsvertreterinnen geworden sind; die sich jedoch nun selbst wieder auf ihre Herkunft und ihren vermeintlichen Opferstatus reduzieren.

Diese Haltung lässt sich auch bei (ehemaligen) Fußballern der deutschen Nationalmannschaft finden. Eine Erkenntnis zumindest hat die den Sommer 2018 beherrschende Debatte um Mesut Özil und Ilkay Gündogan und ihr Posieren mit Recep Tayyip Erdoğan zutage gefördert: Nicht unbedingt jeder, der das Trikot der deutschen Nationalelf getragen und einen *Bambi* in der Kategorie »Integration« erhalten hat, teilt auch unsere Werte. Ein anderer Fußballer aus der Türkei, einer mit kurdischen Wurzeln, nämlich Deniz Naki, hat das Foto, das Özil mit Erdoğan zeigt, so kommentiert: »Der Mensch, neben dem du heute stehst, der sorgt für den Rassismus in der Türkei. Der sorgt dafür, dass ich vom Spielerverband ausgeschlossen bin. Der sorgt dafür, dass Mordanschläge auf mich verübt werden. Wie stehst du denn dazu, Mesut Özil?«

Statt sich erst in Schweigen zu hüllen und dann in ausufernden Posts in den sozialen Medien zum Opfer von Rassismus zu stilisieren, hätte ich von Özil, wie von jedem anderen auch, eine Bereitschaft zur Selbstreflexion erwartet. Aber offensichtlich hatte er nicht begriffen, dass er nicht wegen seiner Herkunft kritisiert wurde, sondern wegen seiner Haltung. Leistung allein – die Özil ja ohne jeden Zweifel erbracht hat – bewirkt eben noch keine gelungene Integration. Es geht immer um Leistung *und* um Wertevermittlung. Wer sind wir? Wie möchten wir zusammenleben? Welche Werte sind dabei unverzichtbar?

Wir müssen uns diesen Fragen stellen und versuchen, Antworten auf sie zu finden, die jeden, der in diesem Land leben möchte, einbeziehen. Etwas klappt nicht so, wie ich es mir vorstelle? Weil ich Türke bin und Mesut heiße? Das ist zu einfach gedacht. Noch einmal: Ja, es gibt Rassismus. Ja, es gibt Benachteiligung. Und dagegen müssen wir uns wehren. Aber jeder Einzelne ist auch gefordert, selbst Verantwortung für sich und sein Leben zu übernehmen. Das gilt für Ahmed aus dem Ruhrpott genauso wie für Ronny aus Pasewalk, der mit vielleicht ganz ähnlichen Schwierigkeiten zu kämpfen hat, seinen Platz in der Gesellschaft zu finden.

Ein anderes Narrativ

»Eine Geschichte über eine gelungene Integration ist keine Geschichte.« Diesem Grundsatz bin ich während meiner Arbeit beim Fernsehen zur Genüge begegnet. Beiträge über Migration, die ein Happy End haben, wolle keiner sehen, sagte man mir. So vielen – autochthon Deutschen wie Migranten – ist es in Fleisch und Blut übergegangen, beim Thema Migration immer nur auf das hinzuweisen, was misslingt. Das Positive wird entweder gar nicht mehr gesehen oder bewusst ausgeblendet. Dabei ist doch beides möglich. Man kann die Probleme klar ansprechen und gleichzeitig auch selbstbewusst auf das verweisen, was uns eint: Dass »Deutschsein« heute viele bunte Gesichter hat. Dass Pluralismus bei uns nicht nur eine Floskel, sondern ein ganz selbstverständlicher *way of life* ist. Dass wir auf unsere freiheitlich-demokratischen Werte und Grundprinzipien stolz sein können und eine starke Zivilgesellschaft haben.

Ich wollte #MeTwo einen anderen Diskurs an die Seite stellen. In ihm sollten Migranten zu Wort kommen, die Deutschland als offenes und tolerantes Land kennengelernt und die Möglichkeiten, die ihnen hier eröffnet wurden, mit Freude genutzt haben. Ein positiver und zukunftsorientierter Ansatz also, der das Verbindende in den Vordergrund rücken sollte und nicht das Trennende. Jetzt brauchte ich nur noch einen geeigneten Hashtag. Was lag näher als #GermanDream? Schließlich hatte ich den Gedanken eines neuen Narrativs bereits zwei Jahre zuvor in meinem Buch entwickelt. Nun war es an der Zeit, diese Idee auch in den sozialen Medien zu verbreiten.

Ich rief Menschen mit Migrationshintergrund dazu auf,

unter #GermanDream zu erzählen, welche Träume sich für sie in Deutschland erfüllt haben, aber auch, welche vielleicht noch auf ihre Erfüllung warteten. Ich selbst machte den Anfang, denn mein *German Dream*, das war mein Leben und das Leben meiner Geschwister. *German Dream* mal elf sozusagen. Viele andere schilderten ebenfalls ihre Erfahrungen und teilten bewegende Geschichten. Etwa die Frau, die von ihrem Vater erzählte, der jahrzehntelang bei Bosch am Fließband gearbeitet hatte. Irgendwann, das hatte er sich fest vorgenommen, würde er zum Waldfriedhof nach Stuttgart-Degerloch fahren und das Grab des Firmengründers Robert Bosch besuchen, »weil meine Familie und ich ihm so viel zu verdanken haben«.

Oder Reyhan Şahin, die man auch unter ihrem Nom de Guerre Lady Bitch Ray kennt. Sie erzählte, wie sehr sie von ihren Professoren an der Uni unterstützt worden war. Anschließend brachte sie das Ziel von #GermanDream auf den Punkt: »Die Nennung von negativen und positiven Erfahrungen ist notwendig, weil sie die Realität in Deutschland abbildet.« Der Journalist Jaafar Abdul Karim formulierte es kurz darauf ganz ähnlich: »Auf dem Weg zum #GermanDream hat (fast) jeder mit Migrationshintergrund mal #MeTwo erlebt!«

Genau darum geht es: nicht zu verharren in der Opferhaltung, sondern Verantwortung für sein Leben zu übernehmen. Gemeinsam mit den vielen, die ihre Geschichten geteilt haben, wollte ich zeigen, dass es in Deutschland möglich ist, seine Chance zu finden und auch zu nutzen. Natürlich weiß ich, wie viel dem im Einzelfall entgegenstehen kann. Dennoch halte ich den *German Dream* nicht für eine unerreichbare Utopie, sondern für eine Möglichkeit, die für ganz viele Realität werden kann.

Manchmal wäre ein »Danke« fällig

Der Gegenwind in Form von Anfeindungen kam schnell. Ich hatte ihn erwartet, wenngleich mich die Heftigkeit der Angriffe schon überraschte. Unter anderem nannte man mich, einmal mehr, »Islamfeindin« oder gar »Identitäre«. Und warum? Weil ich für Meinungsvielfalt eingetreten war und Rassismus und Diskriminierung sowohl auf deutscher als auch auf migrantischer Seite thematisiert hatte.

Am häufigsten warf man mir vor, mit #GermanDream das Anliegen von #MeTwo zu relativieren oder gar ein »Gegenkonzept« entwickelt zu haben. Dabei war es mir um etwas ganz anderes gegangen, nämlich um die Erweiterung des Diskurses. Wir können nicht bei Diskriminierungserfahrungen stehenbleiben, sondern wir müssen sie in etwas Zukunftsträchtiges überführen, in einen Lösungsansatz, meinetwegen kann man es auch eine Vision nennen. Daher war es für mich eine große Freude, als Ali Çan und ich von Bundespräsident Frank-Walter Steinmeier eingeladen wurden, um mit ihm über #MeTwo und #GermanDream zu sprechen. So wurde deutlich, dass von einem Gegeneinander der Konzepte nicht die Rede sein konnte, sondern dass wir am selben Strang zogen und uns das Eintreten für Chancengleichheit und Akzeptanz verband.

Es gab noch einen weiteren Vorwurf, der des Öfteren gegen mich erhoben wurde, auch hier kam er wieder von migrantischer Seite. Bei #GermanDream, so wurde gesagt, handle es sich um einen »Dankbarkeitshashtag«. Was für ein Unsinn. Als ob Dankbarkeit hieße, die Rolle des Bittstellers anzunehmen, der über alle Missstände den Mantel des Schweigens breitet! Ich werde niemals still sein, wenn Menschen benachteiligt oder diskriminiert werden. Trotzdem bin ich dankbar dafür, dass ich meinen *German Dream* jeden Tag leben kann. Und ich bin stolz auf die, die sich bei der Verwirklichung ihrer Träume nicht haben entmutigen lassen, sondern Großes geleistet haben.

Wer sagt überhaupt, dass das Dankbarsein nur in eine Richtung funktioniert? Auch der Mehrheitsgesellschaft stünde es nicht schlecht zu Gesicht, hin und wieder die Leistung der Migranten zu würdigen. Unser eigener Weg, aber mehr noch der unserer Eltern, war alles andere als leicht, sondern gepflastert mit Entbehrungen. Wir mussten immer zweihundert Prozent geben, weil wir nicht dieselben Startbedingungen hatten. Dennoch haben wir es geschafft, diese Gesellschaft mit aufzubauen und ein wichtiger Teil von ihr zu werden. Dafür wäre eigentlich mal ein »Danke« fällig.

Zeit für einen dritten Traum

Darf man einen deutschen Traum haben als Deutsche? Darf ich stolz sein auf mein Land? Viele meiner autochthon deutschen Freunde aus dem linksliberalen Spektrum schütteln sofort den Kopf, wenn ich ihnen solche Fragen stelle. Manchmal habe ich den Eindruck, sie zucken schon zusammen, wenn sie das Wort »Deutschland« einmal nicht in Zusammenhang mit Schuld und Sühne hören. Dahinter steckt natürlich ein durchaus richtiger Reflex: Nie wieder soll sich die hässliche deutsche Fratze des Rassismus und der Entmenschlichung zeigen. Daher stehen alle Formen von Patriotismus und Nationalstolz von vornherein unter Generalverdacht, gelten sie doch als geschichtsvergessen und somit als direkte Vorstufe zum Nationalismus. So erklären sich auch Slogans wie »Nie wieder Deutschland!« oder »Halt's Maul, Deutschland!«, die innerhalb der radikalen Linken noch immer zur Standardausrüstung gehören. Ich halte jedoch nichts davon, das Kind mit dem Bade auszuschütten. Wer mir mit Verweis auf den Nationalsozialismus das Recht auf einen *German Dream* absprechen will, dem halte ich entgegen: Beides muss gehen – zurück- *und* nach vorne zu schauen. Du sollst dich erinnern, so lautet das elfte Gebot für alle Deutschen, zitiere ich häufig die Autorin und Bürgerrechtlerin Freya Klier. Man könnte auch an Adornos neuen kategorischen Imperativ erinnern, wonach wir unser gesamtes Denken und Handeln so einzurichten haben, »dass Auschwitz nicht sich wiederhole, nichts Ähnliches geschehe«. Nach diesen Geboten lebe ich. Ich fühle mich für Deutschlands Geschichte mitverantwortlich, wie es im Übrigen alle tun sollten, die in diesem Land leben. Aber gerade aus der stets wachgehaltenen Erinnerung erwächst auch die Verpflichtung, sich für ein Deutschland einzusetzen, in dem jede und jeder unabhängig von Geschlecht, Herkunft, Hautfarbe, Religion oder sexueller Orientierung die Chance bekommt, frei und ohne Angst sein Leben zu gestalten.

Dass es den Rassisten nicht in den Kram passt, wenn sich eine Frau mit jesidisch-kurdischen Eltern anmaßt, den Deutschen das Träumen wieder beibringen zu wollen, muss wohl nicht eigens erwähnt werden. Die Anfeindungen aus dieser Ecke kommen so vorhersehbar wie der Wetterbericht. »Was soll das heißen, *German Dream?* Chancen sollen jetzt auch noch die erhalten, die anders aussehen als ich? Nie im Leben! Deutschland den Deutschen!«

Von vornherein stand für mich fest, dass ich meinem Anliegen einen englischen Namen geben würde. Nicht nur, um der *German Angst* einen optimistischen Gegenspieler an die Seite zu stellen. Vielleicht würde ja eines Tages auch der *German Dream* Eingang in den weltweiten Sprachgebrauch finden und damit auch das Aufstiegsversprechen, für das er steht. Denn der Begriff lehnt sich natürlich bewusst an seinen großen Bruder an, den *American Dream*, auch wenn der gerade heftig Federn lassen muss. Aber vielleicht sollte man seinen Zauber ohnehin weniger in der offiziellen Politik suchen, sondern eher im zivilgesellschaftlichen Engagement. Etwa dem eines Martin Luther King, dessen Traum niemals an Gültigkeit verlieren wird:»Ich habe einen Traum, dass meine vier kleinen Kinder eines Tages in einer Nation leben werden, in der man sie nicht nach ihrer Hautfarbe, sondern nach ihrem Charakter beurteilen wird.«

Ich halte es für ein Problem, wenn wir es uns nicht mehr erlauben zu träumen. Wir dürfen die Bindungskraft der Träume nicht ungenutzt lassen. Auch wenn für viele der Begriff»Träumer« fast schon zu einem Schimpfwort geworden ist, das nur noch von»Traumtänzer« übertroffen wird. Aber Träume müssen keine Luftschlösser bleiben. Sie können sich erfüllen, und das muss unser Anspruch sein. Ihr habt einen Traum? Dann arbeitet dran, dass er wahr wird! Es gibt Leute, die sagen, dass das nicht geht? Doch, das geht! Glaubt ihnen nicht!

In der Geschichte der Bundesrepublik erkenne ich bereits zweimal die Verwirklichung eines kollektiven deutschen Traums. Nach dem Zivilisationsbruch des Nationalsozialismus, nach den Verheerungen des Zweiten Weltkriegs und der Befreiung durch die Alliierten haben die Mitglieder des

Parlamentarischen Rats mit der Verabschiedung des Grundgesetzes 1949 das Fundament für einen demokratischen und rechtsstaatlichen Neubeginn gelegt. Für den Traum von unantastbarer Menschenwürde und einem friedlichen Zusammenleben mit den europäischen Nachbarn.

Ein zweiter deutscher Traum wurde wahr, als Ost- und Westdeutschland nach vierzig Jahren der Trennung wieder zueinanderfanden, als buchstäblich Mauern eingerissen wurden und die *German Angst* sich zumindest für Momente im endlich nicht mehr geteilten Himmel über Berlin verflüchtigte. Kein historisches Ereignis in Deutschland hat mich emotional so stark berührt wie die Wiedervereinigung. Ich war elf, saß daheim in Hannover-Linden vor dem Fernseher und weinte. Weil ich spürte: Auch ich bin Teil dieser Republik, die gerade einen ihrer glücklichsten Momente erlebt. Wenn ich heute, mit über drei Jahrzehnten Abstand, die Bilder vom 9. November 1989 noch einmal sehe, in einem Rückblick, in einer Dokumentation, dann treffen sie mich noch immer mitten ins Herz, und es ist, als wäre alles erst gestern passiert, als läge dazwischen nicht fast mein gesamtes Leben.

Hannover liegt nicht weit entfernt von der ehemaligen Grenze zur DDR. Nach dem Mauerfall bekam ich bald schon neue Mitschüler. Schnell hatten die, die »aus der Zone« kamen, ihren Stempel weg. Alles an ihnen schien nicht in den Westen zu passen: nicht ihre Klamotten, nicht ihre Frisuren, und ihr Dialekt erst recht nicht. Irgendwie kam mir das alles ziemlich bekannt vor. Ich wusste, wie sich Ausgrenzung anfühlt, und spürte deshalb vom ersten Moment an eine Verbundenheit mit den neuen Klassenkameraden. Auch sie trugen den vermeintlichen Makel des Andersseins mit sich herum, auch ihnen sah man sofort an, dass sie sich nach nichts mehr sehnten, als einfach nur dazuzugehören. Nicht alle Träume vollenden sich sofort. Doch sie deshalb von vornherein erst gar nicht zu wagen ist definitiv die schlechtere Alternative.

Und jetzt? Jetzt wird es Zeit für einen dritten Traum. Gerade jetzt, da so viele Gewissheiten ins Wanken geraten sind. Laut einer Umfrage vom September 2019 hält rund die Hälfte der Bevölkerung die Demokratie in Deutschland für gefährdet und sieht der Zukunft, was das Funktionieren der Demokratie angeht, eher pessimistisch entgegen. Als Bedrohung demokratischer Strukturen gilt den Befragten vor allem der Rechtsextremismus und -populismus; aber auch die Migration nach Deutschland, linksextremistische Strömungen und die politische Lage in den USA werden mit Sorge betrachtet.

Schlechte Zeiten für einen *German Dream*, sollte man meinen. Aber wollen wir den Diskurs wirklich den Hasspredigern aller Richtungen überlassen? Den Eiferern, Leugnern und Hetzern? Jenen, die die Werte unserer freiheitlichen Gesellschaft als verkommen und unmoralisch ablehnen, sie aushöhlen und umgehen, mit Füßen treten und den Tabubruch zum Normalfall erklären wollen? Wir brauchen eine starke Antwort auf die Gaulands, Höckes, Trumps, Orbáns, Erdoğans, Putins, Le Pens dieser Welt, und die setzt meiner Meinung nach eine Rückbesinnung auf unsere gemeinsamen demokratischen Werte zwingend voraus.

Werte wie die Unversehrtheit des Menschen und die Gleichberechtigung zwischen Mann und Frau, wie die Meinungs- und Pressefreiheit haben uns zum zweitbeliebtesten Einwanderungsland der Welt (gleich nach den USA) gemacht. Wir müssen diese Werte gegen alle verteidigen, die sie ablehnen. Es wird höchste Zeit, dass wir unsere Stimme erheben und ein neues Selbstverständnis entwickeln. Wir brauchen ein neues Narrativ, das Narrativ einer kulturell vielfältigen, offenen Gesellschaft. Getragen wird sie von gemeinsamen Werten, einem gesunden, nie nationalistischen Patriotismus und einer lebendigen Verfassung.

Selbst wenn die Spaltung der Gesellschaft auch noch so oft versucht wird – die Trennlinien bei der Verwirklichung des *German Dream* verlaufen nicht zwischen den Polen »deutsch« und »migrantisch«; sondern einzig und allein zwischen den in der Demokratie Angekommenen und denen, die die demokratischen Werte ablehnen.

Der *German Dream* richtet sich an alle, die in Deutschland leben. Er sortiert die Menschen nicht nach ihrer Herkunft. Werte sind wichtiger als Vorfahren. Wir können Unterschiede aushalten, solange immer klar bleibt, was uns im Kern verbindet. Der *German Dream* gilt für jeden Menschen, der fest auf dem Boden der freiheitlich-demokratischen Grundordnung steht; der in Freiheit leben, seine Chancen ergreifen, durch Leistung überzeugen und Verantwortung für die Schwachen übernehmen will.

Viel mehr als nur ein Hashtag

Wer geglaubt hatte, *German Dream* sei einfach nur das leicht zu überlesende Kapitel in einem Buch oder nur ein Hashtag, schnell formuliert, intensiv genutzt, aber dann auch wieder schnell vergessen, dem entgegnete ich regelmäßig: *German Dream* ist so viel mehr, warte mal ab, dann wirst du es sehen. Wenn ich mich schon nicht traute, groß zu denken, wie hätte ich dann andere dazu ermutigen können?

Schon lange hatte ich die Idee mit mir herumgetragen, eine Initiative zu gründen. Aber keine, die sich wie so viele vor ihr ausschließlich den Themen Migration oder Integration widmen und dadurch letztlich nur wieder einen Keil zwischen die Menschen treiben würde. Stattdessen sollte das Thema Bildung im Mittelpunkt stehen, in all den Facetten, die der Begriff seit je umfasst. Mir ging es um das Entwickeln von Verständnis, das Anstoßen von Reflexion und das Vermitteln von Zusammenhängen. Doch dabei, so träumte ich, würden sich Lehrende und Lernende nicht starr gegenüberstehen. Kein Frontalunterricht, kein Machtgefälle. Stattdessen würden sich alle auf Augenhöhe begegnen, einander zuhören, sich austauschen und so voneinander lernen.

Nach einer längeren Planungsphase gründete ich mit der Unterstützung privater Geldgeber mit *German Dream* eine gemeinnützige und überparteiliche Bildungsinitiative. Sie möchte die Diskussion darüber, wie wir als Gesellschaft in Deutschland zusammenleben wollen, aktiv mitgestalten. Sie hat sich die Neuvermittlung der Werte des Grundgesetzes auf ihre Fahnen geschrieben und richtet sich dabei vor allem an die, die einmal die Fackel übernehmen und weitertragen werden – an junge Menschen.

Wie schaffen wir es, eine verantwortungsbereite Generation auf den Weg zu bringen? Wie können wir junge Menschen für demokratische Werte begeistern? Sicher nicht, indem wir glauben, mit zwei Stunden Politikunterricht in der Woche wäre es getan. Wenn wir den Kids nicht helfen, Antworten auf ihre Fragen zu finden, werden Hetzer ihnen antworten. Beispielsweise können wir uns wortreich darüber auslassen, dass sich manche Kinder und Kindeskinder der ersten Gastarbeitergeneration mehr dem Heimatland ihrer Eltern und Großeltern verbunden zu fühlen scheinen als dem Land, in dem sie zur Welt gekommen sind. Gerade bei Deutsch-Türken lässt sich das beobachten. Aber ganz unschuldig an dieser Situation sind wir eben auch nicht.

Diejenigen, die sich für die Türkei und damit oft auch für einen Präsidenten Erdoğan entscheiden, die ihn verehren und, falls sie alt genug sind, von Deutschland aus auch wählen, machen das sicher nicht, weil jemand sie dazu gezwungen hat. Sondern aus Überzeugung. Und genau da kommen wir als Mehrheitsgesellschaft ins Spiel. Wie konnte es dazu kommen, dass sich Menschen, junge zumal, die hierzulande in Freiheit aufgewachsen sind, mit einem Autokraten identifizieren können, der sich, nicht nur in seinem eigenen Land, so wenig um Menschenrechte und Demokratie schert? Die Antwort tut weh: Weil wir es versäumt haben, uns um diese Jugendlichen wirklich zu kümmern. Weil wir es nicht geschafft haben, sie an die Hand zu nehmen und sie auf einer emotionalen Ebene für demokratische Werte zu begeistern, mit Herzenswärme und Menschlichkeit. Und weil wir ihre religiöse Früherziehung in die Hände von Verbänden wie DITIB gelegt haben, ohne dass es uns wirklich interessiert hat, welche Inhalte dort in Teilen gelehrt werden – Inhalte eines politischen Islams, die sich oft nur schwer mit unseren Verfassungsprinzipien von Selbstbestimmung, Offenheit und Toleranz vereinbaren lassen.

Wir dürfen uns keine Illusionen machen. Jedes Versäumnis bei der Vermittlung unserer Werte wird bestraft. Jede Lücke, die wir lassen, wird von Populisten besetzt. Sie sind es, mit denen wir in den Wettbewerb gehen müssen. Mit ihnen müssen wir um die Köpfe und Herzen der Jugendlichen buhlen, und es bleibt uns gar nichts anderes übrig, als dabei die besseren Rezepte zu haben. Das gilt beileibe nicht nur für Jugendliche mit türkischer oder sonstiger Zuwanderungsgeschichte. Angekommen zu sein, Teil einer Gesellschaft zu sein, das heißt mehr, als sich nur an Normen zu halten. Das heißt, sich auch auf der Gefühlsebene angesprochen zu fühlen und sich begeistern zu können; Ziele für sich zu sehen und an ihr Erreichen zu glauben. Positive Vorbilder können da eine ganz entscheidende Rolle spielen. Menschen, die einen in dem bestärken, was einem wichtig ist, und die Mut machen, ihrem Beispiel zu folgen.

Hinein in die Schulen!

Ich glaube an die Macht der Begegnung. Das Internet und mit ihm die sozialen Medien können den direkten Austausch niemals ersetzen. Die Welt findet im persönlichen Kontakt statt. Um die Werte des Grundgesetzes wirklich erlebbar zu machen, braucht es Lebendigkeit, Erzählung, Dialog; braucht es Menschen, die diese Werte durch ihre Biografie beglaubigen. Ich nenne sie »Wertebotschafter«. Das ist die Idee hinter *German Dream*. In Schulen überall in Deutschland werden »Wertedialoge« veranstaltet. Immer andere Wertebotschafterinnen und Wertebotschafter berichten in neunten und zehnten Klassen von der Erfüllung ihrer persönlichen Träume und erläutern, warum ihre Lebensgeschichte sie zu Zeitzeugen der freiheitlich-demokratischen Grundordnung gemacht hat. Ihr Beispiel soll zeigen, dass es sich lohnt, trotz aller Schwierigkeiten seinen individuellen Weg zu gehen und dabei doch immer auch für gemeinsame Werte einzutreten. Bis zum Start der Initiative gelang es uns, 150 solcher Wertebotschafter für *German Dream* zu gewinnen. Darunter sind Prominente, aber auch Menschen, die nicht im Rampenlicht stehen. Sie alle verbindet das Engagement für unsere Gesellschaft und die Lust, jungen Leuten davon zu erzählen. Da ist beispielsweise der Boxtrainer aus Berlin-Neukölln, der die Kids von der Straße holt und ihnen Gelegenheit gibt, sich auf positive Art und Weise auszupowern, weil er weiß, dass Frust und Traurigkeit manchmal ein Ventil brauchen. Da ist Sara Nuru, die als Tochter äthiopischer Einwanderer im bayerischen Erding zur Welt gekommen ist, Karriere als Model gemacht hat und heute Start-ups in Äthiopien unterstützt. Da ist der Vater einer unserer Mitarbeiterinnen, der Jahrzehnte unter Tage gearbeitet hat und den Schülerinnen und Schülern davon erzählen will, dass es für den Zusammenhalt der Kumpel nie eine Rolle gespielt hat, woher jemand kam, sondern nur, wie er gearbeitet hat. Da sind Cem Özdemir, Janina Kugel und Magdalena Rogl, die in diesem Buch an späterer Stelle noch ausführlich zu Wort kommen.

Auch die Journalistin Sophia Maier gehört zu den Wertebotschaftern. Sie hat in ihrer Arbeit schon große Risiken auf sich genommen, um auf Missstände und Menschenrechtsverletzungen hinzuweisen. Sie berichtete aus dem syrischen Bürgerkrieg, schleuste sich im Flüchtlingslager Moira auf Lesbos ein und war in Chemnitz, als dort Rechtsextreme durch die Straßen zogen. Weil sie die Werte, die ihr wichtig sind – Menschlichkeit, Hilfsbereitschaft, Toleranz –, gefährdet sieht, sucht sie das Gespräch mit jungen Menschen.

Dr. Umeswaran Arunagirinathan ist mit zwölf Jahren als unbegleiteter Flüchtling von Sri Lanka nach Deutschland gekommen, weil ihn seine tamilische Familie vor dem Bürgerkrieg schützen wollte. Im Land seiner Geburt durften Tamilen nicht einmal eine Uni besuchen. In Deutschland konnte er Herzchirurg werden und promovieren.

Und noch so viele mehr. Nun könnte man auf die Idee kommen, dass all diese Erfolgsgeschichten ein wenig zu viel Happy End enthalten, um jungen Menschen wirklich als Vorbild dienen zu können. Legen sie die Latte vielleicht zu hoch und wirken dadurch demotivierend? Diese Bedenken haben sich zum Glück sehr schnell als unbegründet erwiesen. Junge Leute haben ein feines Gespür, wer nur beklatscht werden will und wer wirklich authentisch aus seinem Leben erzählt. Biografien, die Um- und bisweilen auch Irrwege umfassen, zeigen nicht nur, was alles schieflaufen kann, sondern auch, wie sich Schwierigkeiten überwinden lassen; wie man mit Niederlagen umgeht, Selbstbewusstsein entwickelt und es schafft, nicht zu resignieren.

Ein Wertedialog ersetzt keinen Schulunterricht, er ist seine etwas weniger theorielastige Ergänzung. Jeder Termin wird in enger Abstimmung mit Lehrpersonal und Schulleitung vorbereitet. Die Wertebotschafter erhalten zwar einen Ablaufplan, sollen aber zunächst einfach nur erzählen: Was waren die größten Herausforderungen in meinem Leben? Wie bin ich der geworden, der ich heute bin? Wie haben mir demokratische Werte dabei geholfen, meine Ziele zu erreichen?

Dann folgt die Diskussion. Dabei können sich die Schülerinnen und Schüler mit dem Gehörten auseinandersetzen und es vielleicht auch auf ihre eigene Situation beziehen. Was treibt sie selbst um? Wovor haben sie Angst? Wie sehen sie ihre Zukunft? Was erwarten sie von Gesellschaft und Politik?

Die Auswahl der Wertebotschafter liegt uns sehr am Herzen. Vor Schulklassen zu treten bedeutet eine große Verantwortung. Es versteht sich, dass jeder, der von seinem *German Dream* erzählen will, auf dem Boden der Verfassung stehen muss. Aber es gibt noch mehr Bedingungen. Engagieren sich Politiker bei uns, dann nur unter der Voraussetzung, dass im Klassenzimmer keine politische Einflussnahme oder gar Werbung für eine spezielle Partei betrieben wird. Eigentlich hatten wir vorgehabt, den nicht prominenten Wertebotschaftern eine Aufwandsentschädigung zu zahlen. Aber bislang haben uns alle ihre Zeit und ihr Engagement unentgeltlich zur Verfügung gestellt. Ich empfinde das als großes Geschenk.

Die Fragen, die zum Start der Initiative immer wieder gestellt wurden, zeigten mir, wie sehr noch in Schubladen gedacht wird. Einmal musste ich mich dafür rechtfertigen, dass auch eine autochthon deutsche Politikerin wie Dorothee Bär bei der Initiative mitmacht, die ja, so die Kritik, »wohl kaum von einer bewegenden Zuwanderungsgeschichte berichten« könne. Als ob nur Menschen mit Migrationshintergrund ein spannendes Leben hätten! Dann wieder wurde unterstellt, dass wir doch sicher an sogenannte »Brennpunktschulen« vor allem Wertebotschafter mit Zuwanderungsgeschichte schicken würden. Ich erntete erstaunte Blicke, als ich das verneinte. Warum sollten Kinder mit Migrationshintergrund sich nur ihresgleichen zum Vorbild nehmen dürfen? Darf ein Junge mit türkischen Eltern, der sich für Fußball begeistert, nur Fan von Ilkay Gündogan sein und nicht auch von Marco Reus oder Serge Gnabry? Auch das ist ein Anliegen von *German Dream*. Wir wollen zeigen, dass einen ganz unterschiedliche Menschen inspirieren können, ob sie nun prominent sind oder nicht, ob sie dieselben Wurzeln haben wie man selbst oder ganz andere. Schon mit *HÁWAR.help* hatten wir Erfahrungen mit der Arbeit an Schulen sammeln können. Bei den von uns veranstalteten »School Talks« haben wir zusammen mit Völkerrechtlern, Historikern oder Antisemitismus-Beauftragten über den Völkermord an den Jesiden informiert, aber auch eher allgemein gehaltene Veranstaltungen zu Themen wie Rassismus und Ausgrenzung durchgeführt. Das kam uns jetzt, bei dem noch größer angelegten neuen Projekt, zugute. Wir konnten auf ein bereits gut funktionierendes Netzwerk zurückgreifen. All jene, die sich bei *HÁWAR.help* beworben hatten, aber mangels Kapazität nicht zum Zuge gekommen waren, konnten nun bei *German Dream* mitmachen.

Ein deutscher Traum am Brandenburger Tor

»Düzen ruft, und alle kommen – so wie es sich gehört«, sagte Cem Özdemir. Da war die Pressekonferenz zum Startschuss von *German Dream* schon eine halbe Stunde im Gange. Ich saß nur einige Meter von ihm entfernt und musste lachen. Dann schaute ich mich um. Zum ersten Mal an diesem Tag fand ich ein paar Augenblicke Zeit, um die ganze Szenerie auf mich wirken zu lassen. Cem hatte recht. Es war gutgegangen. Alle waren gekommen. Nicht nur die Politiker, die neben mir auf dem Podium Platz genommen hatten.

Auch die künftigen Wertebotschafter, von denen einige im Publikum saßen, daneben die Journalisten, die Freunde, die immer an uns geglaubt hatten, und natürlich meine Familie. Wenn ich den Kopf drehte, sah ich die Plakate mit dem Logo, das wir uns für die Initiative überlegt hatten. Es kombinierte den *German Dream*-Schriftzug mit einem grafischen Element, einem stilisierten Schmetterling. Nur auf den ersten Blick waren seine Flügel in den Farben der Deutschlandfahne gehalten. Wer genauer hinsah, entdeckte, dass wir das Rot in der Mitte durch Pink ausgetauscht hatten. Damit sollte auch auf einer optischen Ebene deutlich werden, dass wir uns für ein modernes, buntes, weltoffenes Deutschland starkmachen. Nie wäre es mir jedoch in den Sinn gekommen, ganz auf die – im Übrigen von den Nationalsozialisten gehassten – Nationalfarben zu verzichten. Die Deutschlandfahne gehört in die Mitte der Gesellschaft und nicht an ihren rechten Rand. Der Schmetterling in Schwarz, Pink und Gold versinnbildlicht die Aufbruchsstimmung, die wir mit *German Dream* erzeugen wollen. Die Initiative soll jedem, der sich an ihr beteiligt, Flügel verleihen. Eine Art zivilgesellschaftlicher Schmetterlingseffekt also: das Gefühl, mit dem eigenen Handeln zur langfristigen positiven Veränderung des Ganzen beitragen zu können.

Es waren bewegte Tage. Nur eine gute Woche zuvor hatte das Ergebnis der Europawahl viel Staub aufgewirbelt. Die Grünen hatten ihr Resultat im Vergleich zur letzten Europawahl beinahe verdoppeln können und waren als zweitstärkste Partei ins Ziel gekommen, während die beiden angestammten Volksparteien CDU und SPD wie so oft in der letzten Zeit herbe Verluste hatten hinnehmen müssen. Aber es waren nicht diese Verschiebungen innerhalb des demokratischen Parteienspektrums, die seitdem viele mit Sorge in die Zukunft blicken ließen, sondern die anhaltend guten Prozentzahlen der rechtspopulistischen AfD.

Das politische Berlin war also in Aufruhr. Die Spitzenkräfte von CDU und SPD befanden sich im permanenten Krisenmodus, denn zu den niederschmetternden Wahlergebnissen kamen auch noch die ständigen Auseinandersetzungen innerhalb der Großen Koalition. Und da sollten Annegret Kramp-Karrenbauer und Lars Klingbeil, die neben Cem Özdemir und der FDP-Generalsekretärin Linda Teuteberg ihr Kommen zugesagt hatten, noch Zeit für die *German Dream*-Pressekonferenz haben? Wer uns übelwollte, versuchte nach Kräften, uns im Vorfeld zu verunsichern: »Für wie wichtig haltet ihr euch eigentlich? Am besten sagt ihr alles ab, sonst steht ihr am Ende ganz allein da und blamiert euch nach Kräften!« Aber was wussten solche notorischen Neider schon. Aus der Fassung bringen konnten sie uns jedenfalls nicht. Wir hatten schon ganz anderes geschafft. Zumal uns das Gestalten in die Wiege gelegt worden ist – wer einmal eine jesidische Hochzeit geplant und organisiert hat, dem bereitet in diesem Leben keine Großveranstaltung mehr Kopfzerbrechen.

Wir bekamen es hin. Wenn ich an diesen Tag Anfang Juni 2019 zurückdenke, kommt mir vor allem ein Adjektiv in den Sinn, mit dem ich seine Stimmung beschreiben würde: »beseelt«. Ein Licht wurde angezündet, und es wurde hell, auch in meinem Leben. Alles passte, sogar das Wetter zwinkerte uns zu. Ein deutscher Traum, in der Tat. Und wo anders konnten wir ihn erzählen als in unmittelbarer Nähe des Brandenburger Tors? Ich war glücklich, dass eine Bank nicht gezögert hatte, ihren Konferenzraum am Pariser Platz für unseren Stapellauf zur Verfügung zu stellen. Moderiert wurde er von Pinar Atalay. Natürlich ließ sie sich die Gelegenheit nicht entgehen, allen Beteiligten erst einmal Fragen zu den Ergebnissen der Europawahl und ihren Auswirkungen auf die Tagespolitik zu stellen. Aber dann spielte Parteizugehörigkeit keine Rolle mehr. Dann ging es um die Kernthemen von *German Dream* und damit um die Vermittlung von Werten und um Fragen der Bildungspolitik. Annegret Kramp-Karrenbauer räumte einen großen Nachholbedarf bei der Überwindung von gesellschaftlicher Spaltung und Ungerechtigkeit im Bildungssektor ein. Linda Teuteberg sprach über den oft schwierigen Spagat zwischen dem schulischen Bildungsauftrag und dem elterlichen Erziehungsrecht, etwa bei religiösen Fragen. Lars Klingbeil rief dazu auf, demokratische Errungenschaften wie Meinungs- und Pressefreiheit zu verteidigen und das Feld nicht den Populisten zu überlassen. Und Cem Özdemir nahm uns alle in die Pflicht: Wenn wir es ernst meinten mit dem *German Dream*, dann könne das Ziel nur lauten, jedem Kind in Deutschland die Möglichkeit zu geben, ihn auch zu leben, und zwar unabhängig von Herkunft oder Status der Eltern.

Allen auf dem Podium war ich sehr dankbar. Sie machten sich unser Anliegen zu eigen und bezogen leidenschaftlich und vor allem sehr konkret Stellung. Dennoch hätten wir mit einer reinen Politikerrunde unser Thema auf geradezu peinliche Weise verfehlt. Schließlich richtete sich die Initiative nicht an das Establishment, sondern an die, die es irgendwann einmal im Sturm und mit Herz und Verstand übernehmen sollten. Daher hatte ich auch die Schülerin Lara-Sophie Koroll eingeladen. Ihr couragiertes Auftreten beeindruckte mich. Sie nahm kein Blatt vor den Mund und kritisierte vor allem die Entrücktheit der Politik und den verweigerten Austausch mit der jungen Generation.

Ich habe sehr oft mit Jugendlichen zu tun, die mir erzählen, dass sie sich in ihren Belangen nicht ernst genommen fühlen. Ich glaube, Politik hat hier eine Bringschuld, die sie aber, solange sich die Strukturen und Denkweisen nicht grundlegend ändern, kaum einlösen kann. Das Streben nach Macht und Machterhalt führt allzu oft zu angstgetriebenem Vermeidungsverhalten. Verwundbarkeit gilt als Schwäche, Offenheit als Steilvorlage für den politischen Gegner.

Man muss keine Hellseherin sein, um zu prophezeien, dass in Zukunft zivilgesellschaftliche Initiativen an Wichtigkeit gewinnen werden. Die Demokratie zu leben bedeutet mehr als nur das Befolgen von Gesetzen. Es geht auch darum, sich mit Missständen nicht abzufinden. Das eigene Potenzial zu entdecken, sich einzumischen und für Veränderungen einzutreten – so wie es viele Jugendliche im Moment überall auf der Welt tun, weil sie sich angesichts des Klimawandels nicht mehr länger mit der Untätigkeit der Politik abfinden wollen. Ihnen sollte unsere Sympathie und Unterstützung gelten. Denn sie führen uns das Beste an der Demokratie vor Augen: das Engagement des Einzelnen zum Wohle vieler.

Ich saß auf dem Podium und sah meine Schwestern, die bei jedem Schritt auf dem Weg zur Initiative an meiner Seite gewesen waren. Ich sah auch meine Eltern, die ganz in der letzten Reihe saßen. Eine Familie mit kurdisch-jesidischen Wurzeln bei einer von ihr selbst organisierten Pressekonferenz am Brandenburger Tor. Wenn das nicht der *German Dream* war, was dann?

Schon häufiger habe ich pikierte Blicke bemerkt, wenn ich meine Eltern und meine Schwestern zu öffentlichen Veranstaltungen mitgenommen habe: Oh, die kommt mit der ganzen Familie, das ist aber jetzt sehr migrantisch! Auch selbst ernannte Karriereflüsterer rieten mir davon ab, zu sehr auf die Familie zu setzen, wenn ich nicht »unprofessionell« wirken wolle. Sie konnten sagen, was sie wollten. Solange es die Jahre noch erlaubten, würde ich meine Eltern immer an meinen Aktivitäten teilhaben lassen. Ihnen habe ich mein Aufwachsen in einem sicheren und friedlichen Land schließlich zu verdanken.

Mittlerweile schlägt das Pendel immer öfter aber auch zur anderen Seite aus. Dann merke ich, dass wir als Familie für etwas stehen, wonach sich viele sehnen, weil sie es in ihrem eigenen Leben vermissen: Wärme und Zusammenhalt. Oder, wie Mo aus Neukölln zu sagen pflegt: »Ey, Düzen, ihr seid die einzige Großfamilie, die akzeptiert wird in Deutschland!« Mo muss es wissen, denn er kommt aus einem jener arabischen Familienclans, von denen so oft in den Nachrichten und Talkshows die Rede ist.

Ich hatte ihn ebenfalls zur Pressekonferenz eingeladen und ihm einen Platz in der ersten Reihe reserviert. Ein schüchterner Gentleman, der sich auf Anhieb mit meinen Eltern verstand und mir hinterher sagte: »Abla, heute habe ich zum ersten Mal das Gefühl gehabt, dass ich Teil dieses Landes bin. Dabei bin ich hier geboren und aufgewachsen.« An seinem Beispiel wird deutlich, wie schwer wir es oft Menschen machen, die ihren eigenen Weg gehen wollen. Eigentlich sollte jemand wie Mo, der sich aus den von Kollektivismus geprägten Strukturen seiner Familie herausgelöst hat, von uns volle Rückendeckung erfahren. Stattdessen lassen wir es zu, dass er sich nirgends zugehörig und als Mensch zweiter Klasse fühlt. Er engagiert sich in der Jugendarbeit und geht an Schulen, um anderen Mut zu machen, und kann doch selbst nie sicher sein, ob sein Duldungsstatus von der Ausländerbehörde auch im kommenden Jahr wieder verlängert wird. Bis heute darf er Berlin ohne Genehmigung nicht verlassen. Das nennt sich Residenzpflicht.

Haben wir wirklich alles dafür getan, junge Menschen wie Mo, die nicht gerade aus den einfachsten Verhältnissen stammen, zu motivieren und ihnen das Gefühl zu vermitteln dazuzugehören? Haben wir ihnen genug Möglichkeiten gegeben? Haben wir nicht vielleicht auch Fehler begangen, etwa indem wir sie in solch einen jahrelangen Duldungsstatus gezwungen haben, der zu Frustration und manchmal auch zu einem Abgleiten in die Kriminalität führt? Wohlgemerkt: Jeder trägt für sein Leben zunächst einmal selbst die Verantwortung. Nicht die Mehrheitsgesellschaft oder der Rassismus sind schuld daran, wenn jemand morgens nicht aus dem Bett kommt und dadurch seinen Job verliert. Aber es ist unser Versäumnis, wenn wir Strukturen einfach immer weiter hinnehmen, die eine Abkehr von unserer Gesellschaft oder gar eine Radikalisierung nicht nur nicht verhindern, sondern sogar eher noch befördern. Es geht um Würde, um Sichtbarkeit und Teilhabe. Man muss die Menschen mitnehmen, wenn man sie nicht verlieren will.

Und sie zu verlieren, das können wir uns nicht erlauben. Denn wir stehen immer auch in Wettbewerb mit Hasspredigern und Rassisten. Unsere Angebote müssen die besseren sein. Die jungen Leute, egal wie sie heißen und woher sie kommen, sollen sich mit dieser Gesellschaft identifizieren können und erkennen, dass unsere gemeinsame Lebensweise auf liberalen und demokratischen Werten gründet; Werte, die die Bedingung sind für die Erfüllung der Träume jeder und jedes Einzelnen.

»Ich bin erst dann angekommen, wenn alle anderen angekommen sind« – Gespräch mit Cem Özdemir

// Düzen Tekkal: *Der* German Dream *hat für mich viel mit Demut und Dankbarkeit zu tun – Dankbarkeit für ein friedliches, sicheres, gutes Leben in Deutschland. Meine persönliche Definition des* German Dream *lautet: In die Freiheit kommen und dann versuchen, die Freiheit teilbar zu machen für die Menschen, die noch unfrei sind. Dieser Satz wurde bei uns daheim fast zu einer Art Familienformel. Meine Eltern sind in die Freiheit gekommen und haben dann dafür gesorgt, dass unsere Integration gelingt. Obwohl meine Mutter Analphabetin ist und mein Vater die Schule nur bis zur vierten Klasse besucht hat; obwohl bei uns zu Hause kein Deutsch gesprochen wurde. Deshalb war es ein Highlight für mich, als du bei der Pressekonferenz zum Start unserer Initiative gesagt hast: »Der wahre* German Dream *sitzt dort hinten«, und dann hast du auf meine Eltern gezeigt. Weil das eben vielfach gar nicht so recht wahrgenommen und gewürdigt wird, wie sehr sich diese erste Gastarbeitergeneration dafür krummgelegt hat, ihren Kindern ein gutes Leben zu ermöglichen.*

\\ **Cem Özdemir:** Bei der Pressekonferenz hatte ich ein Déjà-vu. Denn meine allererste Rede als Bundesvorsitzender der Grünen habe ich meinen Eltern gewidmet, und zwar stellvertretend für alle Eltern dieser ersten Gastarbeitergeneration. Was mussten und müssen sich diese Menschen anhören! Dass sie nicht gut Deutsch sprechen, dass sie für viele unserer heutigen Probleme verantwortlich sind. Stattdessen sollten wir sie einfach mal in den Arm nehmen und ihnen danken, denn sie waren Pioniere. Niemand hat es damals, als sie nach Deutschland kamen, für nötig befunden, ihnen zu erklären, was auf sie zukommt, wie sie sich hier zurechtfinden können. Weder die Sendestaaten noch die Empfängerstaaten haben sich großartig um sie gekümmert. Sie mussten ganz allein zurechtkommen. Es waren eben billige Arbeitskräfte, die Tätigkeiten ausgeführt haben, die viele Deutsche im beginnenden Wohlstand der Bundesrepublik nicht mehr ausüben wollten – ob das in der Stahlindustrie war, unter Tage oder am Fließband. Darüber sprechen wir viel zu wenig.

// *Wie war das bei deinen Eltern? Wie bist du aufgewachsen?*

\\ Bei uns daheim gab es keine Bücherwand. Meine Eltern waren keine Bildungsbürger. Sie konnten mir bei den Hausaufgaben nicht helfen, denn sie beherrschten weder die deutsche Sprache gut genug, noch kannten sie sich mit dem deutschen Schulsystem aus. Aber sie haben sich um mich gekümmert. Sie haben dafür gesorgt, dass ich deutsche Freunde hatte und dass ich Nachhilfe bekam. Und bei ihren Arbeitszeiten haben sie darauf geachtet, dass ich so wenig wie möglich allein war. Darauf kommt es doch an: nicht auf dass Perfektsein, sondern auf das ehrliche Bemühen;

zu versuchen, jemandem Wege zu eröffnen. Und daran haben in meinem Fall meine Eltern einen riesigen Anteil.

Es gibt aber noch einen anderen Aspekt, und ich glaube, der verbindet uns beide: Meine Eltern haben bei meiner Erziehung immer darauf geachtet, dass ich mir meine Freunde und Wahlverwandtschaft nicht entlang der Nationalität, der Sprache, der Religion oder der Konfession aussuche. Sowohl mein Vater als auch meine Mutter – beide haben sich ja erst in Deutschland kennengelernt – haben in der eigenen Community auch Unschönes erlebt. Meine Mutter hat mir erzählt, dass sie das Pogrom an der griechischen Minderheit in der Türkei, das am 6. und 7. September 1955 stattfand, als Augenzeugin miterlebt hat. Ihre Großmutter war selbst Griechin, und zu Hause wurde Griechisch und Türkisch gesprochen. Und dann musste sie als junges Mädchen erleben, dass die Nachbarn abgeholt, Frauen vergewaltigt, Läden zerstört wurden; wie den Menschen schlimmste Dinge angetan wurden, doch sie konnte nichts dagegen tun. Auch der Staat half nicht – wie auch? Der Staat war ja für das Pogrom verantwortlich.

// Gab es ein solches Schlüsselerlebnis auch für deinen Vater?

\\ Ja. Seine Mutter, also meine Großmutter, wurde schon früh Witwe. Sie musste ihre beiden Jungen allein durchbringen, und das war schwer in einem Dorf, in dem sowieso schon Armut herrschte. In einem Jahr fiel die Erntezeit genau in den Fastenmonat Ramadan, daher fanden sich keine Arbeiter aus dem Dorf, die bei der Ernte helfen konnten. Was also machte meine Großmutter? Sie schickte meinen Vater ins Nachbardorf, dort lebten Aleviten. Da ging also ein sunnitischer Junge ins alevitische Dorf und bat um Hilfe bei der Ernte. Und die Aleviten kamen und packten mit an. Meine muslimische Großmutter hat natürlich selbst auch gefastet, aber sie sagte: Die Aleviten arbeiten hart und fasten nicht, also koche ich für sie. Sie hat also Essen gemacht, alles eingepackt und dann meinen Vater mit den Schüsseln losgeschickt. Auf dem Weg passten ihn aber Jugendliche aus seinem Dorf ab, nahmen ihm das Essen weg und schütteten es aus. Danach wurde mein Vater noch verprügelt. Er sollte bestraft werden, weil er den »gottlosen« Aleviten etwas zu essen bringen wollte.

Diesen Tag hat mein Vater nie vergessen: »Meine eigenen Leute im Dorf haben mich geschlagen, und die anderen, die gar nicht meine Konfession hatten, haben uns bei der Ernte geholfen.« Aufgrund solcher Erfahrungen lautete die Botschaft meiner Eltern immer: Such dir deine Freunde nicht nach der Nationalität, der Sprache oder der Religion aus, sondern nach dem Herzen, nach deinem Gefühl, ob es Menschen mit Herz sind.

// *Wenn du so erzählst, muss ich an meine beiden Großmütter denken. Die eine, die Mutter meines Vaters, hat an der türkisch-syrischen Grenze gelebt und ein sehr untypisches Leben geführt. Nicht nur für eine Frau, sondern auch für ein Mitglied der jesidischen Minderheit. Beispielsweise ist sie immer mit einer Waffe durchs Dorf gelaufen. Natürlich hat sie die nie benutzt, aber sie wollte damit zeigen, dass sie sich von niemandem einschüchtern lassen würde. Sie war auch die Einzige, die es gewagt hat, sich bei der Gendarmerie zu beschweren, wenn Schafe gestohlen wurden. Zudem war sie medizinisch versiert, sie hat als Hebamme Kinder entbunden. Und sie ist 107 Jahre alt geworden. Eine absolut furchtlose Frau – und ein Vorbild für mich.*

Meine Großmutter mütterlicherseits dagegen hat ihr Leben lang nur Angst gehabt. Nie konnte sie mit einem sicheren Gefühl nach draußen gehen, weil sie als Jesidin oft der Willkür von Muslimen ausgesetzt war. Beim Laufen schaute sie immer nur auf den Boden, um nur ja kein Aufsehen zu erregen. Wenn ich mir das vorstelle, macht mich das unheimlich traurig. Aber es treibt mich auch an, für die Würde von Menschen zu kämpfen; dafür, dass niemand ein Leben in Angst führen muss. Gleichzeitig, und das ist wichtig, wurden wir Jesiden auch häufig von Muslimen beschützt.

Aus solchen Erfahrungen, wie sie meine Großmütter oder deine Eltern gemacht haben, lässt sich eben immer auch lernen, dass im Leben nie etwas nur schwarz oder weiß, gut oder böse ist. Das sehe ich auch bei unserer Arbeit in den Krisenregionen. Ich bin sehr stolz darauf, dass alle unsere Projekte multireligiös angelegt sind und sich an Musliminnen, Jesidinnen und Christinnen gleichermaßen wenden. Wir haben mit vielen muslimischen Frauen zu tun, die explizit sagen: Wir wollen hier etwas gutmachen. Was aber natürlich nicht jeder in der jesidischen Community gerne sieht. Immer wieder bekomme ich zu hören: Wie könnt ihr nur unsere Feinde in das Projekt holen? Das hat mich auch ein bisschen isoliert in der eigenen Religionsgemeinschaft. Aber ich glaube, ohne das Aufbrechen alter Muster und ohne Emanzipation wird es nie zu Veränderungen kommen. Das versuchen wir auch den Jugendlichen in den Schulen zu vermitteln. Du warst ja in Moabit mit uns unterwegs und hast mit den Schülern einer Gemeinschaftsschule gesprochen.

\\ Das hat mir großen Spaß gemacht. Es ist ja ganz klar: Wenn wir etwas verändern wollen, dann müssen wir uns an die junge Generation wenden. Bei Erwachsenen sind viele Entwicklungen schon abgeschlossen, da fällt es deutlich schwerer, jemanden dazu zu bewegen, mal einen anderen Blick auf die Welt auszuprobieren. Bei Kindern und Jugendlichen ist die Neugierde noch groß. Sie haben tausend Fragen. Leider sorgen wir Erwachsenen viel zu oft dafür, dass von dieser Neugierde dann schnell nichts mehr übrig bleibt.

// *In der Klasse wurdest du nach deinen Schulnoten gefragt, und du hast von deinen eher schlechten Zensuren in Deutsch erzählt. Worauf ein türkischer Junge ausgerufen hat:* »*Krass, und dann bist du Politiker geworden?! Dann kann ich ja Bürgermeister werden!*« *Und du meintest nur:* »*Genau. Das ist der Plan.*«

\\ Ich würde jetzt nicht so weit gehen und behaupten wollen, eine schlechte Deutschnote sei die Voraussetzung, um Politiker oder Bürgermeister zu werden. *(lacht)* Die Note hat sich bei mir im Lauf der Jahre auch verbessert. Aber am Anfang, in der Grundschule, war es eben eine Fünf. In meiner Klasse gab es zwei Kinder mit Migrationshintergrund: den José, das war »der Portugiesenjunge«, und den Cem, das war »der Türkenjunge«. So wurden wir genannt. Bezeichnenderweise saßen wir nebeneinander in der letzten Reihe. Immer wenn die DIN-A5-Hefte mit den Diktaten und Aufsätzen zurückgegeben wurden, haben José und ich vorher Wetten abgeschlossen, wer von uns dieses Mal wohl mehr Fehler gemacht hätte. Das Ziel bestand darin, Klassenletzter zu werden. Denn wenn man nicht Erster sein kann, will

68

man auch nicht Vorletzter sein! Wir wetteten also um den Eintritt ins Schwimmbad, um Kaugummis oder Süßigkeiten. Ich gewann sehr oft, weil ich so viele Fehler in Deutsch machte. Zumindest kam ich so länger mit meinem Taschengeld hin ...

Der Lehrer gehörte zur pädagogisch »ganz fortschrittlichen« Sorte. Er sortierte die Klassenarbeitshefte immer nach Noten. Ganz oben lagen die Einsen, die bekamen meistens die Mädchen. Schon damals waren die den Jungs voraus. Der Lehrer nannte also zuerst Mädchennamen, dann kamen die ersten Jungs dran, bis irgendwann nur noch zwei übrig blieben – José und ich. So verbrachte ich meine Grundschulzeit. Dementsprechend landete ich nach der vierten Klasse für ein Jahr auf der Hauptschule. Erst danach wechselte ich auf die Realschule. Da habe ich dann auch gelernt, dass die deutsche Sprache mir nicht nur Probleme machen, sondern dabei helfen kann, mich zu wehren und durchzusetzen. Zumal wenn man wie ich nicht zu den körperlich Stärksten gehörte. Das war für mich ein Schlüsselmoment, als ich erkannte: Die Sprache ist ein ganz wichtiges Mittel, um sich Gehör zu verschaffen und mit anderen auseinandersetzen zu können.

// *Wenn du auf die heutigen Schulen schaust, welche Dinge liegen da im Argen?*

\\ Ich glaube, eine ganz wichtige Voraussetzung für Veränderung und überhaupt für Dynamik ist, nicht nur mit seinesgleichen zusammenzukommen. Lernen wird schwierig, wenn ich ausschließlich mit Leuten zu tun habe, die meine Sprache sprechen und meiner Schicht oder meiner Religion angehören. Es war ein wichtiger Schritt für mich, auch mit

Kindern deutscher Mittelschichtfamilien befreundet zu sein. Dadurch bekam ich Einblicke in deren Leben, und die Mütter – damals waren das ja fast nur die Mütter – fragten auch nach meinen Hausaufgaben:»Es kann ja wohl schlecht sein, dass der Hermann Hausaufgaben hat, und du bist in seiner Klasse und hast keine. Zeig mir mal dein Heft. Aha! Und wann gedenkst du deine Aufgaben zu machen?« Worauf ich sagte:»Morgen früh, beim Abschreiben.« *(lacht)* Aber das ließ mir die Mutter nicht durchgehen und motivierte mich, es dieses Mal anders zu probieren – sodass ich am nächsten Morgen mit dem guten Gefühl in die Schule gehen konnte, nicht abschreiben zu müssen.

So ein Austausch zwischen Schichten oder Nationalitäten findet heute in den Schulen oft kaum noch statt. Wir bleiben immer mehr unter uns und sorgen dafür, dass es auch in den Schulen zu immer weniger Begegnungen kommt. Das machen übrigens auch migrantische Eltern. Auch von ihnen hörte ich des Öfteren:»Ich möchte, dass mein Kind auf eine andere Schule kommt, eine mit weniger Migrantenkindern.« Auf diese Weise werden manche Stadtteile, manche Schulen immer weiter abgehängt. Dabei sollte gerade da Ungleiches auch ungleich behandelt werden. Das heißt, gerade in die benachteiligten Stadtteile sollten die Lehramtsstudentinnen und -studenten schwerpunktmäßig geschickt werden; dort braucht es die kleinsten Klassen und die beste Ausstattung. In den wohlhabenderen Stadtteilen schaffen es die Kinder leichter. Natürlich braucht es auch da gute Schulen. Aber im Zweifelsfall ist der kleinere Klassenteiler doch dort sinnvoller, wo es die Kinder etwas schwerer haben. Derartige Maßnahmen könnten auch dazu beitragen, das Wegziehen der Mittelschicht aus bestimmten Stadtteilen zu verhindern.

// Ich stoße mich immer an dem Begriff »Brennpunktschule«.
Für mich ist auch ein Gymnasium, wo keinerlei Verständnis für
die Realitäten vorherrscht, wo es keine Wärme gibt und keine
Solidarität der Schüler untereinander, wo nur blanker Konkur-
renzkampf herrscht, eine Brennpunktschule. An den Schulen,
die klassischerweise so bezeichnet werden, habe ich es übrigens
bei unseren Wertedialogen noch nie erlebt, dass niemand Fragen
stellte oder dass nicht diskutiert wurde. An einem Gymnasium
dagegen schon, und zwar ausgerechnet als mich ein Journalist
vom Spiegel *begleitet hat. Da stand ich vor der Klasse, niemand*
meldete sich, keiner sprach ein Wort, und ich wollte am liebsten
im Erdboden versinken.

\\ Eine erfolgreiche Schullaufbahn hängt ganz entscheidend von der jeweiligen Lehrerin, dem jeweiligen Lehrer ab.
Das zeigen alle Untersuchungen. Die Ausstattung ist wichtig,
die Klassengröße auch, aber letztlich kommt es darauf an,
wer vor der Klasse steht. Wenn Lehrer ihren Job gut machen,
motiviert sind und die Schüler mitziehen, dann ist das mehr
als die halbe Miete. Das weiß ich aus meiner eigenen Schul-
zeit, und das erlebe ich auch jetzt wieder bei meinen Kindern. Man spürt es sofort, ob ein Lehrer oder eine Lehrerin
ein Feuer entfachen kann, die Schüler begeistern kann oder
ob er oder sie sich innerlich längst schon verabschiedet hat.
Wohlgemerkt: Lehrer zu sein ist ein harter Job, der einen
auch irgendwann zermürben kann. Dass viele Lehrer sich
alleingelassen fühlen, von der Politik, von der Gesellschaft,
von den Elternhäusern, das verstehe ich sehr gut. Zumal
ihnen immer mehr Aufgaben übertragen werden, für die
eigentlich die Eltern zuständig sind. Deshalb wünsche ich
mir, dass wir den Lehrerinnen und Lehrern sowie überhaupt

allen Pädagoginnen und Pädagogen den Rücken kräftig stärken. Dass wir schauen, wie wir sie am besten unterstützen können. Zum Beispiel auch beim Umgang mit Antisemitismus, Rassismus oder Sexismus. Die Schulen sollten die Kompetenz haben, bei entsprechenden Vorfällen die Eltern in die Schule zitieren zu können: »Hören Sie, Ihr Kind hat da etwas gesagt, was nicht in Ordnung ist und was wir an unserer Schule nicht dulden. Ein Kind kommt auf so etwas nicht von allein, sondern schnappt es irgendwo auf. Darüber würde ich mich gerne mit Ihnen unterhalten.«

// *Als wir mit der Initiative begonnen haben, bekam ich von meinen Freunden oft die Rückmeldung:* »Bist du wahnsinnig? German *und* Dream, *diese beiden Wörter kannst du doch nicht zusammen verwenden! Du weißt doch, dass Deutschland allein schon aus historischen Gründen keinen Traum mehr formulieren sollte!«*

\\ Was haben deine Freunde stattdessen vorgeschlagen? *German Nightmare? (lacht)* Wir leben in Deutschland, und es gibt wahrlich Schlimmeres, als hier zu leben. Ich finde, alles in allem ist das ein großartiges Land. Wir genießen hier das Privileg, in Freiheit zu leben. Natürlich gibt es auch viel Not, doch im Vergleich zu anderen Ländern geht es uns ziemlich gut. Und das sollten wir ruhig wertschätzen. Leider gehört es zu den deutschen Tugenden, zunächst einmal das Negative zu sehen. Ich habe eine Zeit lang in den USA gelebt, und immer, wenn ich viel Kritik geübt und vor allem die negativen Seiten hervorgehoben habe, hieß es: »That's very German!« Und das war nicht als Kompliment gemeint. Daher versuche ich, in meinen Reden stets einen optimis-

tischen Schluss zu finden. Die Zuhörenden sollen anschließend nämlich nicht denken: Oje, der Özdemir meint also
auch, dass alles hoffnungslos ist. Sondern sie sollen sich
ermutigt fühlen.

// *Wie sieht dein persönlicher* German Dream *aus?*

\\ In einer Rede habe ich mal gesagt: Ich bin erst dann
angekommen, wenn alle anderen angekommen sind. Ich
glaube, es gehört zu einem *German Dream*, dass irgendwann einmal die Frage, wohin jemand möchte, wichtiger ist
als die Frage, woher jemand kommt. Dass irgendwann einmal jede und jeder die Chance hat, ihr oder sein Potenzial
auszuschöpfen. Egal, ob die Eltern reich sind oder arm; ob
die Mutter Chefärztin ist oder der Vater Hartz-IV-Empfän-
ger; ob die Vorfahren schon im Teutoburger Wald gegen die
Römer gekämpft haben oder ob sie aus Kasachstan stammen,
aus Anatolien oder Mali. Dass also alle gleichermaßen die
Chance haben, ihren deutschen Traum zu leben. Ob jemand
bereit ist, die Ärmel hochzukrempeln, anzupacken – das
sollte doch entscheidend sein.

// *Welches Zeugnis würdest du der deutschen Integrationspolitik
der letzten Jahrzehnte ausstellen?*

\\ Deutschland war ja historisch kein klassisches Einwanderungsland. Es fehlte die breite Erfahrung mit der Integration Zugewanderter. Aber natürlich gab es beispielsweise die
Polen, die ins Ruhrgebiet gekommen sind. Oder, noch früher, die Hugenotten. Übrigens hieß es auch damals schon bei
den Einheimischen: »Denen geht es viel besser als uns, die

sind privilegiert, die kriegen alles!« Oder:»Die passen sich nicht an!« Oder:»Die reden alle Französisch!« Da kommt einem doch heute manches recht bekannt vor. Wenn wir den Bick aber auf die Zukunft richten, dann besteht für mich Integration aus drei Komponenten. Erstens die Integration in den Arbeitsmarkt. Zu der Zeit, als unsere Eltern nach Deutschland gekommen sind, haben die Gewerkschaften für den Grundsatz gekämpft: Gleicher Lohn für gleiche Arbeit. Das hat viel an materieller Not gelindert und zudem so manche Neid-Debatte gar nicht erst aufkommen lassen. Denn es ist nun mal so, wie der Schwabe sagt: Des Hemd schwitzt net von alloi. Arbeit ist wichtig. Zudem lernt man durch die Arbeit andere Menschen kennen und schließt im Idealfall sogar Freundschaften. Und sie bringt einen dazu, die neue, noch ungewohnte Sprache anzuwenden. Die Integration durch die Sprache, das ist für mich die zweite Komponente. Wenn der Aufenthalt nicht temporär, sondern dauerhaft ist, dann gehört der Erwerb der Sprache dazu. Bei unseren Eltern hat sich darum keiner gekümmert. Sie haben die ganze Zeit nur gearbeitet, Sprachkurse gab es nicht, sowieso war ein Daueraufenthalt nicht vorgesehen. Aber für alle, die jetzt zu uns kommen, sollte klar sein: Ohne ausreichende Sprachkenntnisse wird es hier schwer, deine Chancen wahrzunehmen, in der Arbeitswelt Karriere zu machen oder deine Kinder bei ihrer Ausbildung zu unterstützen. Und der dritte Punkt schließlich, das haben wir beispielsweise auch durch die Kölner Silvesternacht 2015/2016 schmerzhaft lernen müssen: Wir müssen die Menschen auf die Gesellschaft vorbereiten, in der sie leben werden.

\\ Manchmal vergessen wir, dass viele Menschen gerade deshalb nach Deutschland kommen, weil es hier eben anders ist als in ihren Herkunftsländern – weil hier die Polizei nicht korrupt ist, die Gerichte unabhängig sind und in der Schule kein autoritärer Erziehungsstil herrscht. Das heißt aber auch, dass wir die Menschen auf das, was sie hier erwarten, vorbereiten müssen. Also beispielsweise darauf, wie die Schulen funktionieren und dass die Polizei einen nicht verprügelt, aber trotzdem Autorität ausübt. Und genauso müssen wir ihnen sagen: Wenn du ein Problem mit der Gleichberechtigung von Mann und Frau hast, dann wirst du hier nicht glücklich werden! Und die Toleranz, die du für deine Religion einforderst, die solltest du auch gegenüber anderen Religionen haben – und erst recht gegenüber denjenigen, die deine Religion ganz anders auslegen oder eben gar keiner Religion angehören wollen. Denn wir achten hier zwar alle heiligen Bücher, aber kein heiliges Buch steht über unserem Grundgesetz.

Das zu vertreten, darin sind wir alle miteinander in der Vergangenheit nicht gut gewesen. Aber wir haben dazugelernt und können weiter dazulernen. Ich fände es auch gut, wenn die Integrationskurse den Besuch einer Gedenkstätte an die Opfer des Nationalsozialismus vorsehen würden. Um deutlich zu machen, dass zum Prozess der Integration auch das »Nie wieder Auschwitz« gehört. Wenn jemand hierherkommt und ein Problem mit Juden hat, dann ist das eben das falsche Land für ihn. Natürlich lässt sich da entgegnen: Und was ist mit den deutschen Antisemiten? Aber es gibt keine Gleichheit im Unrecht. Die Tatsache, dass wir hierzulande auch Irrsinnige haben, Fanatiker, bedeutet ja nicht, dass andere daraus das Privileg ableiten können, ebenfalls Fanatiker zu sein. Man kann unter Rassismus leiden und selbst Rassist sein. Dafür gibt es leider viele Beispiele.

// Wo endet Toleranz?

\\ Da, wo wir es mit Intoleranz zu tun haben. Ich protestiere bei jeder sich bietenden Gelegenheit gegen den deutschen Rechtsradikalismus. Gerade mit der AfD befinden wir Grüne im Bundestag und ich besonders uns sozusagen ständig im Nahkampf. Aber Intoleranz hört bei der AfD noch lange nicht auf. Türkische Ultra-Nationalisten sind beispielsweise alles andere als ein bisschen Folklore. An dieser Stelle ist mir die Haltung Deutschlands nicht entschieden genug. Da wünsche ich mir mehr Klarheit – von allen demokratischen Parteien. Regelverletzungen sind zu ahnden, Punkt. Lässt man sie einmal durchgehen, werden sie sehr schnell zu etwas Alltäglichem. Und das müssen wir verhindern.

// Du hast erzählt, dass manche deiner Freunde dich eher bedauert haben, als deine Einbürgerung anstand und du den deutschen Pass bekommen hast. Sie konnten gar nicht verstehen, warum das für dich ein Grund zur Freude war.

\\ Weil sie einfach nicht wussten, wie es sich beispielsweise anfühlt, auf einer Klassenreise nach Großbritannien als Einziger aus dem Zug geholt zu werden, weil in Belgien das entscheidende Durchreisevisum fehlt. Sie kannten diese Art der Unfreiheit nicht. Freiheit ist nichts Selbstverständliches auf dieser Welt. Aber wir in Deutschland haben sie. Wir müssen sie beschützen und verteidigen. Vor allem aber auch wertschätzen und gelegentlich sogar feiern. Daher finde ich auch wie du, dass wir die Einbürgerungszeremonien ruhig etwas festlicher gestalten könnten.

// *Hattest du in deiner Jugend Vorbilder, die dich auf deinem Weg unterstützt haben?*

\\ Ja. Manche musste ich mir suchen, manche fand ich auch in meiner eigenen Familie. Durch die Schilderungen meines Vaters habe ich erfahren, was für eine Powerfrau meine Großmutter gewesen ist. Sie muss deiner Großmutter ähnlich gewesen sein, von der du vorhin erzählt hast. Sie, die nie auf eine Schule gegangen ist, hat ihr ganzes Leben lang gegen Intoleranz angekämpft, und das in einem Dorf und als Witwe! Das finde ich phänomenal. Sowieso hatte ich das Glück, von starken Frauen umgeben zu sein. Meine Mutter ist ganz allein nach Deutschland gekommen und hat sich hier ihren Mann selbst ausgesucht. Sie hat immer auf Gleichberechtigung bestanden.

// *In deiner Rede, die du im November 2019 anlässlich des 260. Geburtstags von Friedrich Schiller in Marbach gehalten hast, gibt es die Passage: »Zu lange haben wir uns im Konsens eines Status quo, bei dem es uns ja irgendwie ganz gut ging, ausgeruht. Dieser Konsens existiert heute nicht mehr. Es geht heute darum, wohin sich unser Land entwickelt. Es geht wieder um das fundamentale Thema der Freiheit.« Wie tritt man denen entgegen, die unsere Freiheit bedrohen?*

\\ Jedenfalls nicht, indem man sie ignoriert. Oder mit Schiller: »Groß ist, wer das Furchtbare überwindet. Erhaben ist, wer es, auch selbst unterliegend, nicht fürchtet«. Wir alle haben die Pflicht, uns stets die Zusammenhänge deutlich zu machen. Die Feinde der Freiheit fallen nicht vom Himmel. Wir müssen uns über die Hintergründe klar werden: Wer hat ein Interesse an Illiberalität? Wer fördert sie? Die Feinde von Freiheit und Demokratie sind international hervorragend vernetzt. Sie arbeiten gut zusammen und spielen sich mit leichter Hand die Bälle zu. Ich wünschte, wir würden einen ähnlichen Eifer an den Tag legen, wenn es darum geht, die Freiheit zu verteidigen.

// *Die* Frankfurter Allgemeine Zeitung *hat dich nach deiner Schiller-Rede einen* »Verfassungspatrioten« *genannt. Ich liebe diesen Begriff ja, weil er mir eine Antwort auf alle Formen von dumpfem Nationalismus zu enthalten scheint. Würdest du ihn für dich übernehmen?*

\\ Verfassungspatriotismus ist natürlich ein großes Wort. Aber in dem Sinne, wie Dolf Sternberger den Begriff im Nachkriegsdeutschland geprägt hat, kann ich ihm zustimmen, und ich hoffe, mich ihm würdig zu erweisen. Wir haben eine großartige Verfassung in Deutschland, auf die wir mit Recht stolz sein können. Doch diese Verfassung und der Geist, der sich daraus ergibt, bleiben nur lebendig, wenn wir sie auch mit Leben füllen und im Angriffsfall beschützen. In der Schule haben wir alle gelernt: Da gibt es eine Bundeswehr, die soll das Land gegen Angriffe von außen verteidigen. Gegenwärtig haben wir es aber mit einer ganz anderen Art von Angriff zu tun, mit einem Angriff von innen. Manchmal erfolgt der sogar mitten aus dem Bundestag heraus. Ich sage immer, wenn es da oben einen Schöpfergott gibt, dann hat er den Irrsinn und den Fanatismus halbwegs gleichmäßig verteilt – ich denke da an die AfD und die türkischen Nationalisten, aber auch an Trump, Orbán und Putin. Diesem Irrsinn, Fanatismus, oft sogar Hass müssen wir uns alle entgegenstellen. Als Politiker ist das sogar mein Job. Ich werde auch dafür bezahlt, dass ich die deutsche Verfassung gegen ihre Angreifer beschütze.

// Es gibt den Befund von Joachim Gauck, wonach in unserer globalisierten Welt der Rückzug aufs Vertraute wieder an Wichtigkeit gewinnt. Was ist Heimat für dich? Eine gemeinsame Sprache, eine gemeinsame Kultur? Überzeugungen, die man mit anderen teilt? Oder eher Familie und Freunde?

\\ Von allem etwas. Als deutscher Staatsbürger bin ich natürlich auch überzeugter Europäer, und so ist in gewisser Weise auch Europa meine Heimat. Aber zunächst einmal ist Heimat für mich der Ort, an dem ich mich zu Hause fühle. Das ist da, wo meine Frau und meine Kinder sind, und natürlich auch Bad Urach, wo ich aufgewachsen bin. Als Jugendlicher wollte ich übrigens nichts sehnlicher als weg von dort. Alles kam mir so eng und konservativ vor. Ohne Auto kam man nirgendwo hin, und dann hat auch noch das Kino im Ort zugemacht. Aber was ist heute? Heute schwärme ich meinen Kindern vor, wie toll meine Jugend war, wie schön es da ist, wo ich herkomme, und wie sehr ich die Menschen dort mag. Es gibt ein schönes Zitat von Winfried Kretschmann: »Heimat wird nicht weniger, wenn man sie teilt.« Da ist was dran.

// Ist man der Heimat etwas schuldig? Verpflichtet sie zu etwas?

\\ Das Wort »Pflicht« hat immer so einen Beigeschmack. Ich würde mir eher wünschen, dass so etwas von innen, aus einem selbst kommt. Ich finde an Deutschland klasse, dass man hier nicht wie in den türkischen Schulen, die ich zweimal in der Woche nachmittags zusätzlich besucht habe als Kind, permanent etwas darüber lernen muss, welch große Schlachten die eigenen Soldaten gekämpft haben. Dass man nicht ständig strammstehen muss und es keine Fahnenappelle gibt. Dass man die Nationalhymne nicht mitsingen *muss*, aber eben mitsingen *kann*. Das hat mir, der ich nicht immer deutscher Staatsbürger war, die Freiheit gegeben, mich später aus eigenem Antrieb für diese Staatsbürgerschaft zu entscheiden. Heute singe ich die deutsche Nationalhymne gerne mit, und ich habe in meinem Büro neben der Europa-Flagge auch die deutsche Fahne aufgestellt. Ich bin froh, dass wir diesen Ansatz der Ermutigung haben und nicht einen Ansatz des Zwangs, der im Übrigen auch nicht zu unserem demokratischen, offenen Deutschland passen würde. Aber klar: Freiheit kommt stets mit Verantwortung im Gewande, und Rechte gibt es nicht ohne Pflichten.

// »… weil es die Schönheit ist, durch welche man zu der Freiheit wandert«, schreibt Schiller in den Briefen über die ästhetische Erziehung. *Wenn du träumen dürftest – wie käme mehr Schönheit in die Welt?*

\\ Ich glaube, durch Herzenswärme. Der Pädagoge Johann Heinrich Pestalozzi hat ja gesagt: Kopf, Herz und Hand. Das lässt sich eben nicht trennen. Natürlich braucht man den Kopf ebenso wie die Hände. Aber ganz entscheidend ist die Herzenswärme. Ohne sie würde uns ein gutes Zusammenleben nicht gelingen. Ohne sie würde uns immer etwas fehlen.

Schulbesuche: Wie kann man junge Menschen für Demokratie begeistern?

Gespräche auf Augenhöhe

Nach der Pressekonferenz am Brandenburger Tor konnte es endlich losgehen mit den Wertedialogen an den Schulen. Ob in Baden-Württemberg, Bayern, Nordrhein-Westfalen oder Berlin: An vielen Orten sind in den vergangenen Monaten unsere Wertebotschafterinnen und Wertebotschafter in Schulklassen mit Jugendlichen ins Gespräch gekommen. Sie haben versucht, ein Beispiel zu geben, zum Nachdenken anzuregen und Mut zu machen.

Die Rückmeldungen, die ich regelmäßig bekomme, decken sich mit meinen eigenen Erfahrungen. Wenn man jungen Menschen auf Augenhöhe begegnet, wenn man ihnen zuhört und ihre Positionen ernstnimmt, sind sie durchaus bereit, die Dinge auch einmal aus einem anderen Blickwinkel zu betrachten. Die Fragen, die dabei aufkommen, halten sich nicht mit Nebensächlichkeiten auf. Sie zielen aufs Ganze. Es sind die alten, die immer neuen Fragen:

Was kann ich wissen? Was soll ich tun? Was darf ich hoffen? Wer ihnen mit Vagheiten oder Ausflüchten begegnet, hat schon verloren. Man muss sich ihnen stellen, auch um den Preis, manchmal selbst hilflos zu sein beim Finden einer Antwort.

So abstrakt das Thema Werte zunächst auch erscheinen mag – die Schüler haben zumeist keine Mühe, es mit Leben zu füllen. Das Interesse, über Diskriminierungserfahrungen, über Themen der Politik und der Religion oder über Fragen der Identität zu diskutieren, ist riesengroß:»Als ich einmal gesagt habe, dass ich nicht alles falsch finde, was Trump macht, und dass mich die Grünen manchmal nerven, hat mich die ganze Klasse als Nazi beschimpft.« –»Wenn jemand die Wahlplakate der AfD von den Laternenpfählen reißt, handelt er dann nicht genauso undemokratisch wie die Partei, die er kritisiert?« –»Mit mir redet keiner in der Klasse, ich weiß gar nicht, wer ich wirklich bin.« –»Was soll ich den migrantischen Jungs in der Klasse antworten, wenn sie meinen kurzen Rock kritisieren?«

Angestoßen wird das Gespräch durch die einzelnen Wertebotschafter. Sie alle bezeugen mit ihrem Werdegang, dass ihnen Schmerz und Wut nicht fremd sind, beides sie aber nicht vom Verfolgen ihres Lebenstraums und von ihrem Engagement für die Gesellschaft abbringen konnte.

So wie die Autorin Ronya Othmann, die in München geboren wurde und ihre Identität als»hybride« bezeichnet: kurdisch-jesidisch-deutsch. Bei ihrem Schulbesuch in Sachsen-Anhalt erzählte sie unter anderem von ihrem Vater, der als Jeside aufgrund systematischer Diskriminierung aus Syrien fliehen musste:»Wie wäre es für euch, wenn ihr die Sprache, mit der ihr aufgewachsen seid, weder schreiben noch sprechen dürftet?« Worauf sich eine lebhafte Diskussion über die Möglichkeiten politischer Einflussnahme in nicht demokratischen Ländern entwickelte. Dass es sich dennoch lohnt, auch unter schwierigen Bedingungen gegen Unterdrückung zu protestieren, konnte die Rektorin, die in der DDR aufgewachsen war, den Schülern mit Verweis auf die friedliche Revolution 1989 nahebringen. Plötzlich rückten die Geschehnisse im vermeintlich so fernen Syrien ganz nah. Sie verknüpften sich mit dem Freiheitsstreben der Menschen in der DDR, an dem vielleicht auch die Großeltern und Eltern der Jugendlichen teilgenommen hatten.

Als in Koblenz die Profifußballerin Rachel Rinast offen von ihrem jüdischen Glauben berichtete, sprach ein Schüler aus, was wohl auch andere in der Klasse dachten: »Wenn ich Jude wäre, hätte ich mich nicht getraut, das zu sagen. Ich hätte zu viel Angst vor Antisemitismus.« Als ein anderer meinte, das heutige Deutschland müsse keine Verantwortung mehr für die Verbrechen des Nationalsozialismus übernehmen, antwortete Rachel mit der Geschichte ihrer Familie, einer Geschichte von Vertreibung und Flucht. Damit knüpfte sie nicht nur an Erfahrungen an, die manchem der Jugendlichen nicht fremd waren. Sie machte auch deutlich, dass uns aus der Erinnerung an die Vergangenheit eine Verantwortung für unser Handeln in der Gegenwart erwächst.

Und an einer Realschule im niederbayerischen Oberroning hielt der Bundeswehroffizier Edip Demir ein flammendes Plädoyer für das Grundgesetz: »Bei meinen Einsätzen in Afghanistan habe ich viel Leid und Elend gesehen. Dabei wurde mir zum ersten Mal richtig bewusst, welch Geschenk es ist, in Freiheit und Sicherheit leben zu können; wie wichtig mir unser Grundgesetz ist, wie sehr mir vor allem der

Artikel 1, der die Würde eines jeden Menschen für unantastbar erklärt, Herzensangelegenheit geworden ist. Darüber möchte ich mich heute gerne mit euch unterhalten.«

Man lernt nicht nur aus Büchern

Wenn ich selbst als Wertebotschafterin unterwegs bin, verzichte ich darauf, mir im Vorfeld allzu viele Gedanken darüber zu machen, wie wohl alles laufen wird. Ich verlasse mich auf die Vorarbeit unserer Bildungsreferentin, die Gespräche mit den involvierten Lehrern geführt hat, und überlasse mich ansonsten dem Moment. Ein wirklicher Dialog braucht Raum für Spontaneität. Man muss aufeinander reagieren können, und da sind zu starre Vorgaben nur hinderlich.

Ich erinnere mich an einen Wertedialog in einem Gymnasium in Berlin-Friedrichshain. Er fand kurz vor den Sommerferien statt. Einer jener Tage, an denen sich schon morgens die Stadt der Hitze ergibt. Ich selbst hatte früher bei derartigen Temperaturen regelmäßig so lange nach Ausreden gesucht, nicht in die Schule zu müssen, bis mir schließlich eine eingefallen war. Mein Glück, dass die heutige Schüler-Generation offensichtlich andere Prioritäten setzt. Das Klassenzimmer, in dem die *German Dream*-Veranstaltung stattfinden sollte, war voll besetzt.

Wie immer stellte ich mich erst einmal vor und erzählte von meiner Arbeit. Dabei sparte ich auch das Dunkle, das ich als Kriegsberichterstatterin im Irak gesehen und erlebt hatte, nicht aus. Die Jugendlichen haben ein Recht darauf, dass man sie nicht in Watte packt, sondern ihnen die Chance gibt, Zusammenhänge zu begreifen. Die direkte Ansprache verhindert immer noch am besten, dass sich jemand nicht für voll genommen fühlt.

»Ich weiß noch, wie groß mir die Welt vorkam, als ich in eurem Alter war. Ich war unsicher und hatte viele Ängste. Immer fragte ich mich: Wann fliege ich auf? Schaffe ich das alles überhaupt, was von mir verlangt wird? Werde ich den Erwartungen gerecht, die man in mich steckt? Seitdem sind noch ganz andere Herausforderungen dazugekommen, mit denen wir uns auseinandersetzen müssen: Digitalisierung, Globalisierung, eine Welt, die immer chaotischer zu werden scheint. Da kann ich mir ausmalen, wie es euch manchmal geht und wie klein ihr euch ab und zu fühlt. Aber diese Veranstaltung hier hat vor allem ein Ziel: euch zu sagen, dass die Veränderung, nach der ihr euch vielleicht sehnt, in euren eigenen Händen liegt. Und das ist kein Spruch aus einem Managerseminar oder aus einem Erbauungsgottesdienst. Das habe ich genau so erlebt. Wenn euch etwas stört, könnt ihr daran arbeiten, dass es besser wird, für euch selbst und für andere. Wenn euch jemand nicht laut genug ist, könnt ihr dabei mithelfen, dass er doch Gehör findet. Ihr könnt Menschen eine Stimme geben. Wenn es euer Anspruch ist, mehr Toleranz, Gleichberechtigung und Chancengleichheit in diese Gesellschaft zu bringen, dann ist es wichtig, dass ihr nicht passive Konsumenten bleibt, sondern selbst aktiv werdet.

Vorhin, bei der Vorstellungsrunde, haben ganz viele Mädchen gesagt, dass sie heute gern etwas über Gleichberechtigung und Frauenrechte hören möchten. Das Wichtigste lässt sich in einem Satz sagen: Diese Rechte sind universell, sie gelten immer. Keine Kultur und keine Religion sind ihnen übergeordnet. Aber ich weiß natürlich auch, dass die Realität oft ganz anders aussieht, und das gilt nicht nur für den Mittleren und Nahen Osten. Auch in Europa sind wir noch lange nicht überall im 21. Jahrhundert angekommen. Das Patriarchat hat viele Gesichter. Unsere Organisation stellt für viele schon deshalb eine Provokation dar, weil sie von Frauen gegründet worden ist, von Frauen mit Zuwanderungsgeschichte noch dazu, und dann auch noch von jesidischen Frauen. Die Abwertungen, Hass-Mails und sonstigen Angriffe gegen uns kommen jedoch nicht nur aus der rechten Szene. Manchmal kommen sie sogar von Leuten, die selbst einen Migrationshintergrund haben. Obwohl sie hier geboren wurden und perfekt Deutsch sprechen, sind sie doch nie hier angekommen in unserer Demokratie der Werte. Und warum werden wir angegriffen? Nicht allein, weil wir Frauen sind. Das wäre zu einfach gedacht. Weil wir es gewagt haben, Akteurinnen zu sein, und dadurch Machtdynamiken durcheinandergewirbelt haben.«

Ein Mädchen, die sechzehnjährige Jasmina, meldete sich. Einige Tage zuvor war im Politikunterricht der Film *Nur eine Frau* gezeigt worden. Der Film behandelt den wahren Fall eines sogenannten Ehrenmords. Hatun Sürücü, eine junge Berlinerin mit kurdischen Wurzeln, ist 2005 von ihrem eigenen Bruder auf offener Straße hingerichtet worden. Weil sie frei sein wollte. Weil sie es gewagt hat, zu widersprechen. Weil sie von zu Hause ausgezogen ist und einen andersgläubigen Mann geliebt hat. Als Jasmina mir von diesem Film erzählte, spürte ich ihre Wut und ihre Traurigkeit: »Wir kriegen so vieles nicht mit, was mitten in Deutschland passiert. Wie dieser Ehrenmord-Fall, von dem ich vorher noch nie etwas gehört hatte. Ich bin mir sicher, dass so etwas öfter passiert, weil es so viele strenggläubige orthodoxe Familien gibt, die auf diese Weise mit ihren Kindern umgehen.« Ich konnte Jasmina ihre Traurigkeit nicht nehmen. Aber ich konnte sie darin bestärken, genau hinzusehen, aufmerksam zu bleiben und sich einzumischen:»Hatun Sürücü war eine von uns. Sie wollte dasselbe wie wir alle, und dafür musste sie sterben. Der Film macht deutlich, wie schwer es für junge Frauen ist, sich aus kollektivistischen Strukturen zu befreien, ohne ein schlechtes Gewissen zu haben, ohne verstoßen oder gar bestraft zu werden. Solche Strukturen gibt es im Übrigen nicht nur bei den Muslimen, sondern auch bei den Jesiden. Da sitzen wir alle in einem Boot. Wir müssen uns um die Freiheit und die Gleichberechtigung dieser Frauen kümmern. Noch viel zu oft lassen wir sie im Stich, weil wir aus falsch verstandener Toleranz Kultur über Selbstbestimmung stellen. Ich glaube, dass besonders wir Frauen, die aus diesen Kulturkreisen kommen, eine ganz wichtige Aufgabe zu erfüllen haben. Wenn wir den Emanzipationsprozess durchlaufen haben, können wir den Finger in die Wunde legen und für Öffentlichkeit sorgen. Nur wenn wir lauter werden, haben wir die Chance, gegen die Einschüchterer und Angstmacher anzukommen. Ich würde mir wünschen, dass wir in einer Gesellschaft leben, in der die Täter Angst haben müssen und nicht diejenigen, die sie anklagen.

Dass du traurig warst, als du von dem Film erzählt hast, zeigt, dass er vom Wertvollsten handelt, das wir haben: von unserer Freiheit. Einmal stand ich auch vor einer Klasse, so wie jetzt, es war an einem reinen Mädchengymnasium. Weniger als 48 Stunden zuvor war ich aus dem Irak zurückgekehrt. Mein Kopf war noch voll mit den teilweise schrecklichen Eindrücken der Reise. Ich dachte, ich schaffe es, heil durch die Stunde zu kommen, aber irgendwann konnte ich mitten im Satz nicht mehr weitersprechen und fing an zu weinen. Erst schämte ich mich, dann wurde mir bewusst, wie dumm das war.

Immer streben wir nach Perfektion. Aber eigentlich geht es doch darum, im Augenblick zu sein, wahrhaftig zu sein, kein Roboter zu sein. Wir müssen Menschlichkeit zulassen und sie nicht als Schwäche begreifen. Man lernt nicht nur aus Büchern, obwohl in ihnen sehr viel Wichtiges steht. Genauso wichtig sind Empathie, Mut und Herzensbildung. Wir wollen euch auch hier keine Bilderbuch-Lebensläufe vorstellen und euch damit noch mehr überfordern, wir wollen euch Mut machen. Wenn der *German Dream* für etwas steht, dann dafür, sich von Niederlagen nicht kleinmachen zu lassen. Glaubt an euch, egal was die anderen sagen. Natürlich macht man sich damit angreifbar: ›Kein Wunder, dass die auf die Nase gefallen ist, die wollte ja auch zu viel! Die hatte ja diese großen Träume! Aber Hochmut kommt vor dem Fall!‹ Wir kennen alle diese blöden Sprüche. Ihr dürft euch nicht irremachen lassen. Wer nicht groß denkt, erreicht auch nichts Großes. Groß zu denken, eventuell zu scheitern, aber dann eben wieder groß zu denken, das heißt für mich auch: zu leben. Es von vornherein erst gar nicht zu versuchen, heißt dagegen: gelebt zu werden. Dann gebt ihr den anderen die Macht, über euch zu entscheiden. Nur aus Angst, gerichtet zu werden, Dinge zu unterlassen, halte ich für hochgefährlich, gerade auch was die Menschlichkeit in unserer Gesellschaft betrifft.

Deshalb würde ich mir wünschen, dass ihr die Dinge anpackt, auch wenn ihr wisst, dass es Widerstand geben wird. Denn die Angst wird nicht kleiner, wenn man Herausforderungen aus dem Weg geht, im Gegenteil. Sie nimmt noch zu.«

Auch diesen Wertedialog beschloss ich mit einer Feedback-Runde. Die Jungs, die sich zu Beginn noch eher desinteressiert gezeigt hatten, machten den Anfang. Einer von ihnen, ein Tamile aus Sri Lanka, erzählte, wie meine Schilderungen aus dem Irak und von den Taten des IS Bilder aus seiner Kindheit hervorgerufen hatten, Bilder vom Bürgerkrieg. Auch bei anderen in der Klasse spürte man, dass sie ins Nachdenken gekommen waren: »Ich bin eigentlich immer noch sprachlos: Wieso kommt es immer wieder zu solcher Grausamkeit? Wenn man so etwas hört, will man eigentlich nur noch dabei mithelfen, dass so etwas nicht mehr passiert.«

Jasmina, das Mädchen mit den persisch-aserbaidschanischen Eltern, meldete sich ebenfalls noch einmal zu Wort: »Ich habe so oft schon überlegt, irgendwas zu machen, irgendwas zu sagen, aber ich habe immer die Angst gehabt, dass ich ausgelacht werde, etwa in der Familie. Nach dem Motto: Das schaffst du doch sowieso nicht. Aber jetzt denke ich mir, dass wir in Deutschland sind und die Möglichkeit haben, etwas zu tun. Man kann nicht die ganze Welt verbessern, aber man kann in kleinen Schritten damit anfangen.«

Nach dem Ende der Stunde bat sie mich um unsere Telefonnummer. Vielleicht wolle sie in den Ferien ein Praktikum bei uns machen, sagte sie. Ich kann mir Jasmina sehr gut als zukünftige Wertebotschafterin vorstellen.

»Ich glaube, dass eine Verständigung noch möglich ist« – Gespräch mit dem Schüler Moritz Hopf

// **Düzen Tekkal:** *Moritz, du bist siebzehn, besuchst das Alexander-von-Humboldt-Gymnasium in Berlin-Köpenick und machst gerade Abitur. Bleibt dir da noch Zeit, deinen Interessen nachzugehen?*

\\ **Moritz Hopf:** Ich interessiere mich sehr für soziale Themen. Zum Glück lässt sich das recht gut mit der Schule verbinden. Letztes Jahr habe ich etwa bei uns am Gymnasium einen Courage-Tag für die zehnten Klassen durchgeführt, und das möchte ich dieses Jahr wieder tun.

// *Der französische Philosoph Michel Serres hat die junge Generation der Gegenwart einmal als »neue[] Mensch[en]« bezeichnet, die nicht nur eine andere Lebenserwartung als ihre Eltern haben, sondern auch völlig anders kommunizieren und sich dadurch die Welt auf neue Weise erschließen. Nimmst du auch einen solchen Generationen-Gap wahr?*

\\ Ja. Wenn ich mir anschaue, wie die Leute in meinem Alter miteinander kommunizieren, wie sie mit politischen und gesellschaftlichen Themen umgehen, sehe ich da schon einen großen Bruch zum Leben meiner Eltern oder gar Großeltern. Durch das Internet haben wir eben viel mehr Möglichkeiten, 24/7 informiert zu sein, und das verändert nicht nur unser Herangehen an Informationen, sondern auch, welche Sachen wir uns anschauen. Ich glaube, die Perspektive ist heute eine viel globalere als früher. Man beschränkt auch seine Kontakte nicht mehr nur auf sein unmittelbares Umfeld.

// Wie ist es in deinem konkreten Fall?

\\ Ich bin mit Leuten aus meinem Bezirk befreundet, aber ich habe auch Freunde in Belgien, Frankreich oder den USA. Und mit allen kann ich kommunizieren und in Kontakt bleiben. Dadurch lerne ich viel über die Situation in den jeweiligen Ländern.

// Hat deine Familie dich sehr geprägt in dem, was du denkst, fühlst, was dir wichtig ist?

\\ Ich glaube, jeder wird ein Stück weit durch seine Familie beeinflusst. Aber größtenteils habe ich mir meine Meinung über bestimmte Themen selbst gebildet, niemand hat mich da an die Hand genommen. Wenn man sich informiert, gelangt man irgendwann ganz automatisch zu seinen eigenen Schlüssen. Und die decken sich dann vielleicht nicht immer mit denen der Familie. Beispielsweise habe ich eine andere politische Ausrichtung als meine Eltern.

// *Welche politischen Themen sind dir wichtig?*

\\ Auf jeden Fall soziale Gerechtigkeit. An diesem Thema hängt so vieles andere, etwa der Klimaschutz. Wie lassen sich die Maßnahmen zum Klimaschutz sozial verträglich gestalten? Oder Migration. Wie kann ich den Menschen, die zu uns kommen, einen sozialen Standard ermöglichen, wie ihn diejenigen haben, deren Familien schon Hunderte von Jahren hier leben?

// *Wie informierst du dich über das, was in der Welt geschieht?*

\\ Zeitungen lese ich keine, Fernsehen schaue ich größtenteils auch nicht mehr. Da greife ich dann eher auf das Internet-Angebot der »Tagesschau« oder die Online-Auftritte verschiedener Zeitschriften zurück. Gern schaue ich auch Late-Night-Shows. Besonders in Amerika ersetzen solche Shows ja mehr und mehr die klassischen News-Sendungen – weil die amerikanischen Medien oft sehr einseitig berichten und sich einer bestimmten politischen Richtung zuordnen lassen. Late-Night-Shows sind da ein bisschen neutraler. In Deutschland kennen wir das nicht so, aber es gab immerhin schon Jan Böhmermann und das »Neo Magazin Royale«, auch wenn diese Show weniger mit Nachrichten zu tun hatte, sondern eher Dinge enthüllt und dadurch Probleme aufgezeigt hat.

// *Welche Themen bewegen dich zurzeit am stärksten?*

\\ Das ist schon der Klimawandel. Was können wir tun? Wie wird alles weitergehen? Aber auch die großen Protestwellen beschäftigen mich. Ob in Hongkong, Chile oder dem

Nahen Osten, überall gehen die Menschen gerade auf die Straße und machen auf die Probleme aufmerksam, die sie wahrnehmen. Zum ersten Mal können sich Leute auf der ganzen Welt mit den Demonstranten vernetzen, sich über ihr Anliegen informieren und so auch Solidarität zeigen.

// *Finden aktuelle politische und gesellschaftliche Themen auch in der Schule Berücksichtigung?*

\\ Im Politikwissenschaft-Unterricht schon. Das Problem dabei ist, dass man dieses Fach im Abitur nur für zwei, nicht für die vollen vier Halbjahre belegen muss. Von daher denke ich, dass an den Schulen durchaus noch mehr gemacht werden könnte. Es wird zu wenig verdeutlicht, wie sich bestimmte politische Fragestellungen konkret auf unser Leben und unsere Zukunft auswirken. Können wir etwas lernen von den Protesten in anderen Ländern? Drohen uns die Probleme, die dort herrschen, hier auch? Und wenn ja, was können wir dagegen tun?

// *Ich habe neulich mit Cem Özdemir gesprochen, und er meinte, Schulen seien immer seltener Orte der Begegnung, weil die Schüler fast nur noch unter ihresgleichen blieben, also ungefähr derselben Schicht und derselben Herkunft angehörten. Wie ist das an deiner Schule?*

\\ Wenn ich an meine Grundschule zurückdenke, dann war das definitiv so. Da kamen praktisch alle aus dem gehobenen Mittelstand. Auch jetzt, auf dem Gymnasium, gibt es nur wenige aus einer anderen sozialen Schicht. Wir haben auch kaum Leute mit Migrationshintergrund. Vereinzelt gibt es Mitschülerinnen und Mitschüler, deren Eltern oder Großeltern aus der ehemaligen Sowjetunion stammen, was mit der DDR-Zeit zu tun hat, als die Rote Armee hier stationiert war.

// *Wenn es in der Schule nicht mehr passiert, wo können sich Menschen unterschiedlicher Herkunft, sozialer Schicht oder Religion dann noch begegnen?*

\\ Das ist schwierig. Eigentlich sollte es ja wirklich die Schule sein, die ganz verschiedene junge Leute zusammenbringt und so auch zeigt, dass wir alle eins sind und zusammengehören. Natürlich gibt es Jugendcafés oder politische Organisationen, das sind auch ganz tolle Einrichtungen, aber ich kenne nur sehr wenige Leute, die da tatsächlich hingehen. Menschen zusammenzubringen, das kann sicherlich der Fußball. Wir haben in unserem Bezirk mit Union Berlin einen Verein, der sich sehr stark ein gutes Miteinander aller Menschen, egal woher sie kommen, auf die Fahnen geschrieben hat. Man spricht ja nicht ohne Grund von der »Union-Familie«. So was ist unheimlich wichtig, gerade in Köpenick, wo die NPD ihre Bundesparteizentrale hat. Es ist noch gar nicht lange her, dass Neonazis in Adlershof aufmarschiert sind, das war beängstigend. Vor allem, weil auch viele junge Leute mitgemacht haben. Zum Glück gibt es Organisationen, die da dagegenhalten. Erst vor Kurzem fand zum Beispiel eine »NachtTanzDemo« gegen Rechts statt. Sie fing auf dem Mandrellaplatz an, der sonst eher von Rechten frequentiert wird, und zog dann durch die Straßen, um mit Musik und Spaß gegen Rassismus zu demonstrieren. Es ist wichtig, dass man Position bezieht.

// *Man weiß, dass der Bildungs- und Berufsweg eines Kindes noch immer stark vom Status und dem Einkommen der Eltern abhängt. Wie war das bei dir?*

\\ Ich hatte das Glück, in eine recht wohlhabende Familie hineingeboren zu werden. Wobei ich dazusagen muss, dass meinen Eltern nichts in den Schoß gefallen ist. Sie haben hart gearbeitet, um dort anzukommen, wo sie jetzt sind. Was mich betrifft, so stand im Grunde von Anfang an fest: Moritz, du studierst später mal.

// *Welche Werte wurden dir zu Hause vermittelt?*

\\ Menschlichkeit, Vertrauen, Zusammenhalt. Das sind die Werte, mit denen ich aufgewachsen bin und die mich geprägt haben. Wenn einem die Eltern sagen: »Du kannst mit allen Problemen zu uns kommen«, dann gibt einem das Selbstvertrauen; weil man weiß, dass man immer Unterstützung erfährt.

// *Wenn ich an Bewegungen wie »Fridays for Future« denke, dann bringen die ja nicht nur ein umweltpolitisches Engagement zum Ausdruck, sondern auch eine tiefe Unzufriedenheit mit den politischen Entscheidungsträgern. Wie nimmst du die Politiker in ihrem Handeln wahr?*

\\ Was solche Bewegungen kritisieren – dass Politiker ihren Job nicht gut genug machen –, trifft meiner Meinung nach auf die derzeitigen Regierungsparteien hundertprozentig zu. Man fühlt sich von diesen Leuten nicht repräsentiert und in seiner Meinung auch nicht anerkannt. Es gibt natürlich viele Politiker, die sagen: Hey, wir holen euch ab, wir machen das, was ihr wollt. Aber da muss man dann aufpassen und schauen, ob die das vielleicht nicht nur sagen, um potenzielle neue Wähler zu erreichen. Nicht immer wirkt das authentisch.

// *Man gewinnt den Eindruck, dass im Moment die demonstrierenden Jugendlichen die Stimme der Vernunft verkörpern, während viele Politiker mit ihrem Festhalten am Status quo wie aus der Zeit gefallen wirken. Kann es da überhaupt noch eine wirkliche Verständigung geben?*

\\ Ich glaube, dass eine Verständigung noch möglich ist. Das macht schließlich eine Demokratie aus – dass es viele verschiedene Meinungen gibt, man sich am Ende aber doch in der Mitte trifft. Dafür braucht es Leute, die beide Seiten sehen und gegeneinander abwägen können. Sodass am Ende eine Position steht, auf die sich alle einigen können.

// *Glaubst du, dass in Zukunft das zivilgesellschaftliche Engagement in seiner Bedeutung noch zunehmen wird?*

\\ Momentan sieht alles danach aus. Man erkennt einfach, dass diese Art von Engagement eine große Reichweite besitzt und man mit ihr etwas bewegen kann. Man zeigt so, dass man da ist, und kann Druck auf die Politiker ausüben. An ihnen liegt es nun, auf die Jugendlichen zuzugehen, damit es zu einer Verständigung kommen kann.

// *Welche Werte sind dir wichtig? Und wie versuchst du, sie zu leben?*

\\ Wichtig sind mir vor allem Menschlichkeit und Mitgefühl. Wir alle sollten uns in unserem Handeln immer fragen: Wie verhalte ich mich gerade? Drücke ich Empathie aus? Denke ich an mein Gegenüber?

// *Was macht dir Hoffnung, wenn du an die Zukunft denkst? Was macht dir Angst?*

\\ Dass sich immer mehr junge Leute für ihre Interessen und Überzeugungen einsetzen, macht mir Hoffnung. Sie gehen auf die Straße und tun genau das, was die Demokratie von uns allen fordert, nämlich seine Meinung zu äußern, sie zu zeigen und für sie einzustehen. Wenn immer mehr Menschen auf diese Weise aktiv werden, kann daraus etwas Gutes entstehen. Angst habe ich vor Populismus und Extremismus in jeder Form. Es ist erschreckend, welch großen Einfluss Populisten mittlerweile in vielen Ländern der Welt haben, auch in Deutschland.

// *Wie definierst du für dich Heimat?*

\\ Das ist zunächst einmal mein unmittelbares Umfeld, also mein Zuhause, meine Familie, meine Freunde, mein Bezirk. Aber Heimat reicht noch weiter, ist auch Deutschland und Europa, sind meine Freunde im Ausland. Einfach Menschen, die aneinander denken und von denen man weiß, dass sie immer für einen da sind.

// *Hast du einen German Dream?*

\\ Das wäre eine Gesellschaft, in der jeder ein bisschen mehr auf die Personen links und rechts neben sich achtet. Wer sind die anderen? Was tun sie? Was bewegt sie? Ich glaube, auf diese Weise lernt man auch sich selbst viel besser kennen.

Integration – Was jetzt getan werden muss

Integration gilt für alle

»Das haben wir aber immer schon so gemacht!« Wenn dieser Satz einen Zug des deutschen Wesens beschreibt (und das tut er), nämlich das Genaue, Pedantische, an Prinzipien Festhaltende, dann war Angela Merkels Satz »Wir schaffen das« von 2015 denkbar weit entfernt vom deutschen Wesen. Für mich als Kind von Migranten war es großartig, ihn zu hören. Ich war stolz auf eine Kanzlerin, die jedem Menschen, von wo auch immer er oder sie nach Deutschland kam, eine Chance geben wollte. Die Willkommenskultur bewies, dass für die Mehrheit der Menschen in diesem Land Gastfreundlichkeit, Offenheit und Toleranz keine Fremdwörter sind.

Doch die Kanzlerin sagte zwar A, aber nicht B. Neben einer spontanen Willkommenskultur braucht es, zumindest nach einer Weile, auch eine geregelte Ankunftskultur. Man kann nicht sagen »Wir schaffen das« und dann für sich behalten, *wie* es denn konkret geschafft werden soll. Der günstige Moment, alle Menschen auch emotional mitzunehmen und auf eine in der Tat nur gemeinsam zu lösende Aufgabe einzuschwören, ging ungenutzt vorüber. Manchmal reicht Nüchternheit nicht aus. So kam es, wie es kommen musste. Ob der schieren Größe des zu Schaffenden konnte schnell ein Gefühl von Überforderung entstehen, verbunden mit einem schwindenden Vertrauen in den Rechtsstaat beim Thema Integration. Ich mag das Wort »Integration« in seinem üblichen Gebrauch nicht sehr. Manchmal nenne ich es sogar »das böse I-Wort«. Denn »Integration« wird meist zu einseitig verstanden. Das Trennende zwischen denen, die schon da sind, und denen, die hinzukommen, steht im Vordergrund, nicht das Zusammenführende, Verbindende. Der Begriff funktioniert nur, wenn er weiter gefasst wird. Er betrifft uns alle. Nicht nur die Neuankommenden, sondern etwa auch jene Deutschen, die sich mit dem neuen, bunten Deutschland nicht identifizieren können. Integration funktioniert also in beide Richtungen. Es geht nicht um Assimilierung oder darum, dass jemand seine Wurzeln verleugnen muss. Stattdessen steht eine grundlegende Stärkung des Zusammenlebens auf der Basis gemeinsamer Werte im Mittelpunkt.

Werte zu bewahren und sie gleichzeitig neu aufleben zu lassen, hat für mich viel mit einer zeitgemäßen Art von Konservatismus zu tun. Der Historiker Andreas Rödder hat sie einmal als »Bürgerbewegung der Alltagsvernunft« bezeichnet. Mein Konservatismus ist nicht weiß, er ist divers. Er ist fern jeder Ideologie und verfällt auch nicht in ein Freund-Feind-Denken. Er erlaubt sich das Träumen, ohne die Realität aus dem Blick zu verlieren. Vor allem weiß er um die Endlichkeit menschlicher Kraft. Deshalb sucht er lieber nach konkreten Lösungen, als sich öffentlichkeitswirksam im Glanz von Maximalforderungen zu sonnen.

Mit einem Mantra wie »Kein Mensch ist illegal« mag man vielleicht das eigene schlechte Gewissen beruhigen und sich als perfekter Gesinnungsethiker inszenieren können. Mit einem pragmatischen Humanismus, wie wir ihn dringend brauchen, hat es jedoch nichts zu tun. Wir können nun einmal nicht jeden Menschen aufnehmen, der in Deutschland leben möchte – und das sage ich als Kind von Migranten. Doch wir können versuchen, Fluchtgründe zu identifizieren, an ihrer Beseitigung zu arbeiten und vor Ort für menschenwürdige Zustände zu sorgen. Dafür brauchen wir aber verlässlichere Partner als einen türkischen Präsidenten, der gerade in Nordsyrien für neue Fluchtgründe sorgt. Unsere Werte werden auch im Mittleren und Nahen Osten verteidigt.

Ohne eine grundsätzliche Neustrukturierung unserer Einwanderungspolitik wird es nicht gehen, und damit sind nicht nur Zuwanderungsgesetze für dringend benötigte Fachkräfte gemeint. Es kann nicht sein, dass das Recht des Stärkeren darüber bestimmt, wer in diesem Land Aufnahme findet und wer nicht. Stattdessen muss diese Frage anhand von Werten entschieden werden. Wir müssen legale Möglichkeiten schaffen, damit die Menschen, die zu uns kommen wollen, auch kommen können, sofern sie bestimmte Voraussetzungen erfüllen. Nicht verhandelbar ist das Respektieren und Achten unserer rechtsstaatlichen Prinzipien und Organisationen. In dem Moment, in dem der Rechtsstaat missachtet wird, müssen auch Sanktionen verhängt werden können. Wer Teil dieser Gesellschaft sein will, sollte sich einbringen und dieser Gesellschaft auch etwas zurückgeben wollen.

Es ist an der Zeit, dass wir zu einer Gesellschaft zusammenwachsen, in der wir alle gemeinsam unsere Zukunft gestalten. Leistung und Initiative müssen belohnt, Partizipationshindernisse aus dem Weg geräumt werden. Doch dafür müssen wir aktiv werden und einige umfassende Reformen wagen. Im Folgenden skizziere ich die sieben Punkte, deren Umsetzung mir dabei am dringendsten erscheinen.

1. Werteministerium gründen

Sich als Einwanderungsland zu verstehen heißt: Wir wollen die besten Fachleute. Den *German Dream* zu verwirklichen aber heißt: Wir wollen die besten Botschafter für unsere Werte. Wir wären naiv, wenn wir glaubten, dass Zugehörigkeit allein davon abhängt, was jemand zu leisten imstande ist. Für mich sind Menschen, die zur ersten Gastarbeitergeneration gehören und vielleicht nur gebrochen Deutsch sprechen, weil sie nie darin unterstützt wurden, die Sprache wirklich zu lernen, integrierter als so mancher Verbandsfunktionär, der zwar geschliffene Sätze hervorbringen kann, aber sich in seinen Positionen abseits des Wertekonsenses der Bundesrepublik bewegt.

Es steht außer Frage, dass wir Menschen Asyl gewähren, die als politisch und anderweitig Verfolgte bei uns Schutz suchen. Aber wie gehen wir mit den Menschen um, die als Migranten zu uns kommen möchten? Da denke ich, dass wir denen eine Heimat geben sollten, die unsere Werte teilen. Keine Kultur, keine Religion steht über diesen Werten. Von ihrer Akzeptanz sollte es letztlich abhängen, ob jemand dauerhafte Aufnahme in diesem Land findet. Dazu ist es nötig, über diesen Wertekanon frühzeitig zu informieren und ihn dann auch selbstbewusst nach innen und außen zu vertreten.

Wer bei uns neu beginnen will, aber nicht bereit ist, seine Werte zu hinterfragen, wer es also beispielsweise ablehnt, an Integrationskursen teilzunehmen, die Gleichberechtigung zwischen den Geschlechtern zu akzeptieren oder die Religionsfreiheit auch für alle anderen Glaubensgemeinschaften anzuerkennen – für den ist Deutschland höchstwahrscheinlich nicht der richtige Ort zum Leben. Ähnlich wie auch in anderen Ländern könnte ein Code of Conduct dabei helfen, Regeln und Werte zu bündeln und dann auch gezielt zu adressieren. Letztlich würde die Akzeptanz eines solchen Codes über Fragen des Bleiberechts mitentscheiden. Federführend könnte bei seiner Formulierung ein neu zu gründendes Werteministerium sein. Ein Ministerium für Ankommenskultur, das ressortübergreifend arbeitet und eine Klammerfunktion zwischen verschiedenen Behörden und Verbänden ausübt. Denn Integration ist eine Mammutaufgabe, die ganz viele Bereiche umfasst: Innenpolitik, Außenpolitik, Bildungspolitik, Verteidigungspolitik, Entwicklungshilfe. Für eine derartige Vernetzung der Ressorts braucht es entsprechend geschultes Personal sowie, auf nationaler wie internationaler Ebene, Partner, die unsere Werte teilen.

Ein derartiges Ministerium könnte entscheidend dazu beitragen, aus Deutschland eine – um den amerikanischen Politologen Francis Fukuyama zu zitieren – von einem breiten Wertekonsens getragene »Bekenntnisnation« zu machen. Ein Bekenntnis lässt sich nicht verordnen. Es setzt eigene Aktivität voraus und eine bewusste Entscheidung, in diesem Fall für ein Land, seine Menschen, seine Gesetze und Werte.

Aber auch das Land ist gefordert, sich zu seinen Neubürgern zu bekennen und ihre Leistungen wertzuschätzen. Warum nicht die bis heute viel zu nüchternen, fast immer als lästige Pflichtübungen abgehaltenen Einbürgerungszeremonien in wirkliche Festakte verwandeln? Mit ordentlich Pathos, dem Abspielen der Hymne und, vor allem, Worten des Beglückwünschens und des Willkommenheißens. Für viele frischgebackene deutsche Staatsbürger besitzt dieser Tag eine herausragende Bedeutung. Auch ich fühlte großen Stolz. Endlich war ich genauso wie alle anderen. Von nun an musste ich nie mehr um mein Bleiben bangen; ich konnte gehen, wohin ich wollte, und ich konnte endlich auch wählen! Für mich eröffnete sich eine ganze Welt. Nur die Beamtin, die die Einbürgerung vollzog, sah das ein bisschen anders. Sie tat alles dafür, mir das Gefühl zu geben, auch weiterhin nicht dazuzugehören. Es ist ihr nicht gelungen.

Ein Werteministerium könnte zudem die Koordination eines für alle Deutschen verbindlichen Pflichtdiensts übernehmen. Einen solchen, vielleicht einjährigen Dienst für junge Erwachsene, vergleichbar mit dem früheren Wehr- beziehungsweise Zivildienst, halte ich für geeignet, eine große identitätsstiftende und die Wertegemeinschaft stärkende Wirkung zu entfalten.

2. Schulen stärken

Bei uns daheim wurde kein Deutsch gesprochen. Dass ich die Sprache dennoch früh schon erlernen konnte, habe ich meiner Kindergärtnerin Sabine zu verdanken. Alle Studien sind sich einig: Die Grundlagen für den späteren Bildungserfolg werden bereits lange vor dem Eintritt in die Schule geschaffen. Daher plädiere ich für eine verpflichtende frühkindliche Förderung, nicht nur, aber vor allem auch für Kinder aus Migrantenfamilien. Die jüngste PISA-Studie vom Herbst 2019 hat gezeigt, dass gerade sie, die teilweise aus schwierigen sozialen Verhältnissen stammen, besonders gefährdet sind, sich beim Lesen noch im Teenager-Alter auf dem Niveau eines Grundschülers zu bewegen. Frühkindliche Förderung bedeutet keine Diskriminierung. Auf die Förderung zu verzichten dagegen schon. Das muss auch den Eltern vermittelt werden.

Schulen sollten Lust auf Demokratie machen. Demokratische Werte müssen ebenso Thema sein wie das, was diese Werte bedroht. Nicht-schulische Initiativen wie *German Dream* können dabei unterstützend wirken. Um eine werteorientierte Bildung jedoch flächendeckend zu implementieren, braucht es veränderte, an die Lebensrealität angepasste Lehrpläne.

Wir sehnen uns nach kritikfähigen, demokratiefähigen jungen Menschen. Aber gerade in Migrantenfamilien haben es viele Jugendliche schwer, sich von überlieferten Erziehungsmustern frei zu machen. Statt eines bekenntnisförmigen Ansatzes benötigen wir eine strikte Orientierung an Menschenrechten und Demokratie. Die intensive Diskussion von Religionskonflikten in der Schule kann Feindbildern entgegenwirken, etwa dem Antisemitismus unter Schülern aus dem Nahen und Mittleren Osten.

Alles steht und fällt aber mit der einzelnen Lehrkraft. Auf ihre Kompetenz und ihre Fähigkeit, die Schüler mitzunehmen und zu begeistern, kommt es an. Ihre Autorität muss gestärkt werden, auch im Umgang mit renitenten Eltern. Leider spiegelt sich die deutsche Wirklichkeit noch immer nicht in den Lehrerzimmern wider. Während rund 35 Prozent der Erstklässler eine Zuwanderungsgeschichte haben, trifft das nur auf 6 Prozent der Lehrkräfte zu. Das muss sich ändern. Wir brauchen mehr Lehrer mit interkultureller Kompetenz, die vielleicht schon qua ihrer Sozialisation mit der Situation der Jugendlichen in ihrem Alltag und in ihren Elternhäusern vertraut sind und so anders auf eventuell auftretende Probleme zu reagieren in der Lage sind. Sie können die wichtige Funktion von Vorbildern übernehmen und als Lotsen für die Heranwachsenden fungieren, über den rein schulischen Bereich hinaus.

Auch im Jahr 2020 entscheidet noch immer die soziale Herkunft von Schülerinnen und Schülern über ihren Bildungserfolg und damit letztlich auch über ihren Berufsweg. Allen die gleichen Chancen zu ermöglichen ist und bleibt der drängendste Auftrag, der an Bildungspolitik und Zivilgesellschaft ergeht.

3. Rechtsstaat stärken

Wir können in Deutschland in Freiheit und Sicherheit leben. Aber das ist nicht selbstverständlich. Freiheit beinhaltet immer auch das Setzen von Grenzen. Freiheit heißt, dass wir gut auf sie aufpassen müssen. Wir müssen wehrhaft sein. Freiheit heißt nicht Anarchie, sondern Verantwortung. Freiheit braucht Regeln, und die müssen glaubhaft definiert, vermittelt und durchgesetzt werden. Das ist in der Vergangenheit zu oft versäumt worden.

Unter Migranten und Geflüchteten gibt es Kriminelle, genauso wie unter autochthon Deutschen auch. Und Kriminelle müssen wie Kriminelle behandelt werden. Wenn ein

Mann mit Asylstatus eine Frau vergewaltigt, muss klar sein, dass er abgeschoben wird. Wenn sich ein Deutscher dem IS angeschlossen und dort Frauen und Kinder vergewaltigt hat, muss er nach seiner Rückkehr mit aller Härte der Justiz bestraft werden. Alles andere ist den mündigen Bürgern nicht zu erklären – und zwar weder denen aus der hiesigen Mehrheitsgesellschaft noch denen mit Zuwanderungsgeschichte. Der Rechtsstaat muss an jeder Stelle klare Kante zeigen. Wenn er versagt, schwächt das auf Dauer den Zusammenhalt unserer Gesellschaft. Mangelndes Sicherheitsgefühl führt zu Angst und spielt allein den Extremisten in die Hände, die diese Angst für ihre Zwecke instrumentalisieren.

Bei Kriminalität kann es keinen Kulturrabatt geben. Jeder, der Gesetze bricht, missachtet die Werte, die uns ausmachen. *Sie* müssen geschützt werden, nicht derjenige, der Straftaten begeht. Ein bisschen mehr Selbstbewusstsein würde uns auch gut zu Gesicht stehen, wenn es um die Frage der Rückführung kriminell gewordener Flüchtlinge geht. Es müssen entsprechende Abkommen mit den jeweiligen Herkunftsländern getroffen werden. Werden sie nicht eingehalten, muss notfalls auch über ein Einschränken von Zahlungen nachgedacht werden, etwa über das Kürzen von Entwicklungshilfe.

Der Respekt vor der demokratischen Ordnung und ihren Werten hat stark gelitten. Eine von der Konrad-Adenauer-Stiftung in Auftrag gegebene Umfrage vom Herbst 2019, die nach dem Ansehen einzelner Berufsgruppen gefragt hat, förderte Beunruhigendes zutage. Demnach genießen Polizisten, Soldaten, Lehrer und Pfarrer heute deutlich weniger Ansehen als noch vor ein paar Jahren. Also gerade die Berufsgruppen, die maßgeblich für das demokratische Miteinander und das Verteidigen unserer Werte verantwortlich sind. Als Reporterin in Neukölln habe ich von Jugendlichen oft gehört, wie wenig ernst sie die deutsche Polizei nähmen – und mit ihr das gesamte deutsche Rechtssystem. Polizistinnen und Polizisten mit Migrationshintergrund wurden häufig als »Verräter« beschimpft. Dass es Strukturen von Paralleljustiz in Deutschland gibt, wissen wir seit Langem. Es wird Zeit, dass wir endlich dagegen vorgehen.

Noch schlechter als die genannten Berufsgruppen schnitten in der Umfrage Politiker und Journalisten ab. Insbesondere bei der AfD-Anhängerschaft haben sie drastisch an Ansehen verloren. Die Saat der AfD-Politiker scheint aufgegangen zu sein. Dem Vergiften der Debattenkultur im Netz folgt im analogen Leben eine zunehmende Hemmungslosigkeit im Umgang mit – als Vertreter der sogenannten »Lügenpresse« diskreditierten – Journalisten sowie mit Politikern der etablierten Parteien.

Entgegenwirken kann diesen Entwicklungen nur ein erneuerter Konsens über die Werte, die uns stark gemacht haben und die wir gegen ihre Feinde und Verächter verteidigen müssen. Er kann nicht von oben verordnet werden, sondern muss in der Zivilgesellschaft entstehen. In einer Gesellschaft, die sich immer mehr pluralisiert – kulturell, religiös, ethnisch –, müssen wir alle gemeinsam Antworten auf die Frage finden, was uns verbindet und wie wir unser Zusammenleben gestalten wollen.

4. Menschen schneller in Arbeit bringen

Ich bin mit dem Prinzip »Belohnung nach Anstrengung« groß geworden. Mein Vater und mein Onkel haben jahrzehntelang in Fabriken gearbeitet und Tag für Tag ihre Leistung erbracht. Sie wussten, dass nur der Brötchen backen kann, der auch Mehl hat. Sie haben es als ihre Pflicht verstanden, für sich selbst und für ihre Familie Verantwortung zu übernehmen.

Wir müssen den Menschen, die nach Deutschland kommen, den Anfang so leicht wie möglich machen. Aber Leichtmachen heißt nicht, ihnen alles abzunehmen. Willkommen bei der Bringschuld! Ich weiß, dass auf dieses Wort viele meiner Landsleute allergisch reagieren. Aber John F. Kennedys Satz »Frag, was du für dein Land tun kannst« hat nichts von seiner Gültigkeit verloren.

Dabei müssen wir uns jedoch immer auch an die eigene Nase fassen. Aus Statistiken des Bundesamts für Arbeit geht hervor, dass fast jeder zweite in Deutschland lebende syrische und rund jeder vierte afghanische Staatsbürger im erwerbsfähigen Alter arbeitslos ist. Das liegt nicht zuletzt an hausgemachten Problemen bei der Integration von Geflüchteten in den hiesigen Arbeitsmarkt. Hier besteht dringender Reformbedarf. Arbeitsverbote sind genauso wenig angebracht wie bedingungslose Fürsorge, etwa durch jahrelanges Zahlen von Hartz IV. Stattdessen sollten wir alles unternehmen, um Menschen – Neuankömmlinge wie Alteingesessene – schnell in sozialversicherungspflichtige Beschäftigung zu bringen. Dazu brauchen wir weniger Bürokratie und mehr Ausbildungsmöglichkeiten. Wir dürfen die identitäts- und gemeinschaftsstiftende Kraft der Arbeit nie unterschätzen.

Sein eigenes Geld zu verdienen und einer geregelten Arbeit nachzugehen kann maßgeblich dazu beitragen, sich als vollwertiges Mitglied einer Gesellschaft zu fühlen.

5. Frauen fördern

Immer wieder habe ich es in meiner Arbeit erlebt, dass es der Umgang mit Frauen ist, der den Unterschied macht. Wer als Kind mit ansieht, wie die Mutter geschlagen wird, nimmt daraus die Dämonen der Gewaltbereitschaft mit. Wer als Kind lernt, dass Gott Männer höher schätzt als Frauen, wird kein Gefühl für Gerechtigkeit entwickeln. Wer Frauen als rechtlose Beute wahrnimmt, wird keinen Respekt vor dem Leben an sich entwickeln. Wo Frauen und Kinder keinen Zugang zu Bildung erhalten, erstarren und verarmen ganze Gesellschaften.

Auch die Frage der Integration von Geflüchteten ist für mich ganz entscheidend mit der Situation der Frauen verbunden. Frauen können ein rückständiges, patriarchales Gesellschaftsverständnis zum Einsturz bringen und traditionell-autoritäre Familienstrukturen aufbrechen, vorausgesetzt, sie erfahren darin unsere Unterstützung. Etwa indem wir alle Transferleistungen über die Konten der Frauen laufen lassen. Damit wäre ein starkes Zeichen gesetzt: für die Gleichberechtigung von Mann und Frau als nicht verhandelbarer Wert in unserer Gesellschaft.

Wenn Frauen an Stärke gewinnen, fangen Abhängigkeiten zu bröckeln an, und hergebrachte Rollenverteilungen werden neu verhandelt. Solche Veränderungen erfordern von unserer Seite Konsequenz und Haltung sowie eine Neujustierung der Asyl- und Integrationspolitik. Noch immer kommen sehr viel mehr Männer als Frauen zu uns. Es kommen die, die sich durchsetzen können und in der Lage sind, den weiten Weg übers Meer gut zu bewältigen. Die Frauen und Kinder werden in den Herkunftsländern zurückgelassen. Als ob dort nur für Männer eine Gefahr für Leib und Leben bestünde! Nicht ohne Grund kam es irgendwann im kurdischen Teil von Syrien zu einem Ausreiseverbot für Männer. Verhängt wurde es mit der Begründung:»Ihr sollt hierbleiben und kämpfen.« Man kann dazu stehen, wie man will. Aber ich sehe einen wahren Kern in diesem Gedanken. Daher plädiere ich schon seit Jahren für Kontingentlösungen. Baden-Württemberg hat mit dem 2015 organisierten Sonderkontingent für besonders schutzbedürftige, vornehmlich jesidische Frauen und Kinder aus dem Nordirak vorgemacht, wie es gehen könnte. Damals wurden tausend nach genau festgelegten Kriterien ausgewählte Frauen und Kinder nach Deutschland gebracht. Sie haben hier ein humanitäres Aufenthaltsrecht bekommen. Das könnte ein Modell für die Zukunft sein – natürlich auch für Frauen und Kinder anderer Länder und Religionsgemeinschaften. So wäre nicht nur Schleppern ein Teil ihres Geschäfts entzogen. Auch die Rolle der Frauen als *agents of change* würde gestärkt. Mit einem Rechtsstaat, der seiner Fürsorgepflicht für die Schwachen nachkommt; der sich um die Betreuung und dann auch um die berufliche Ausbildung der neu angekommenen Frauen kümmert, verlieren patriarchalische Strukturen ihre Grundlagen. Frauen wird so die Möglichkeit gegeben, zu Akteurinnen zu werden und nach und nach ein selbstbestimmtes Leben zu führen.

Derartige Kontingentlösungen könnten EU-weit angestrebt werden, immer verbunden mit der gleichzeitigen Sicherung der EU-Außengrenzen. Letztlich wird es ohne eine einheitliche, gesamteuropäische Lösung nicht gehen. Und vermutlich auch nicht ohne Druck auf jene Staaten, die sich ihr bislang hartnäckig verweigern.

6. Fluchtursachen da bekämpfen, wo sie entstehen

In der Entwicklungshilfe gelten die gleichen Grundsätze wie in der Integrationspolitik: Wir müssen auf diejenigen Akteure und Projekte setzen, die sich der Universalität der Menschenrechte verpflichtet fühlen. Projekte, die werteorientiert arbeiten; Projekte, die gezielt Frauen stärken. Dort wie hier müssen wir die bürokratischen Hürden für kleinere Träger abbauen und individuelles Engagement belohnen.

Ich habe mich sehr darüber gefreut, dass mich die Bundesregierung zusammen mit anderen Expertinnen und Experten aus Wissenschaft und Praxis in die Fachkommission Fluchtursachen berufen hat. Unter dem Vorsitz der aktuellen Präsidentin des Deutschen Roten Kreuzes, Gerda Hasselfeldt, sowie der ehemaligen Präsidentin der Welthungerhilfe, Bärbel Dieckmann, sollen konkrete, dem Bundeskabinett und dem Bundestag vorzulegende Vorschläge erarbeitet werden: Wie lassen sich die Ursachen von Flucht und Migration bekämpfen? Wie kann Menschen vor Ort eine Zukunftsperspektive gegeben beziehungsweise wiedergegeben werden? Wie lässt sich die Situation in den aufnehmenden Ländern – die meisten von ihnen sind Entwicklungsländer – verbessern?

NGOs wie *HÁWAR.help* können dabei mit ihren Erfahrungen aus der konkreten Praxis zur politischen Entscheidungsfindung beitragen. Unser Ansatz ist von Humanismus und Realismus geprägt. Es führt kein Weg an der Verbesserung der Lebensverhältnisse in den Herkunftsregionen vorbei. Bildungseinrichtungen müssen aufgebaut, Jobs müssen geschaffen werden. Auch hier geht der Wandel fast immer mit einer Transformation der Rolle der Frauen einher. Mit unserem »Back to Life«-Zentrum im Irak versuchen wir, Frauen aller Religionsgemeinschaften in den Stand zu versetzen, künftig als selbstbewusste Gestalterinnen die Gesellschaft mitzuprägen.

Obwohl Europa ein Sehnsuchtsort bleibt, ist es mitnichten so, dass jeder nach Europa kommen möchte. Viele Menschen wollen in ihrer Heimat bleiben, benötigen dafür aber eine Perspektive. Ihre Ziele sind die Ziele von uns allen: ein Leben in Frieden und Sicherheit zu führen; eine Arbeit zu haben; den Kindern eine gute Ausbildung zu gewährleisten; Zukunftsoptimismus zu entwickeln. Um dabei wirklich Unterstützung leisten zu können, müssen wir unsere Ansprechpartner in den entsprechenden Ländern sorgfältig aussuchen. Verhandlungen auf Regierungsebene sind wichtig, aber mancherorts ist der Einfluss der Regierung eben begrenzt. Wirkliche Veränderung wird nur gelingen, wenn wir die Zivilgesellschaft mit einbeziehen.

7. Religionsverständnis offen diskutieren

Manchmal sind wir in unserem Umgang mit Geflüchteten und Migranten zu naiv. Wir freuen uns, dass sich unsere Gesellschaft mehr und mehr pluralisiert, aber verschließen dabei die Augen vor jenen Fluchtursachen, die auch in Deutschland zu Konflikten führen können. Dazu gehört fehlende religiöse Toleranz. Gleichzeitig hat sich in der Öffentlichkeit mehr und mehr die Ansicht durchgesetzt, Integration betreffe im Grunde nur eine Religionsgruppe – Muslime. Natürlich ist das falsch. Wir dürfen nicht zulassen, dass die Neuankömmlinge nach Religionszugehörigkeit auseinanderdividiert werden. Integrationspolitik sollte nicht auf den Glauben der Menschen fixiert sein. Ohnehin darf das Bekenntnis zu einer Religion nie wichtiger werden als das Bekenntnis zur Freiheit.

Dennoch darf über existierende Probleme nicht der Mantel des Schweigens gebreitet werden. Beispielsweise müssen wir über die unrühmliche Rolle einiger Islamverbände sprechen. Sie instrumentalisieren die Religion und wirken dadurch nicht versöhnend, sondern tragen zur Abgrenzung bei. Als Jesidin habe ich gesehen, was übertriebener Religionsstolz und mangelnde Religionsfreiheit zur Folge haben können: den Hass auf Andersgläubige. In manchen deutschen Moscheen wurde im Herbst 2019 für das Gelingen von Erdoğans Invasion in Nordsyrien gebetet. Wie können wir das zulassen? Wer sich im Schutz unserer Religionsfreiheit als Feind der Integration zu erkennen gibt, sollte daran gehindert werden. Etwa indem die Finanzierung solcher Moscheen aus dem Ausland gekappt wird. Mit Religion darf in Deutschland keine Politik gemacht werden. Vor allem, wenn wir bedenken, dass viele Menschen, die hierherkommen, gerade vor religiös motivierten und mithilfe der Religion angeheizten Konflikten geflohen sind.

Auch die religiöse Früherziehung dürfen wir nicht den Islamverbänden überlassen. Zu häufig stellen sie religiöse Vorstellungen über die Werte des demokratischen Rechtsstaats und erziehen so Kinder langfristig zu Gegnern der Demokratie. Gleiches gilt für den islamischen Religionsunterricht. Er darf sich nicht auf die Lehre konservativer islamischer Theologen beschränken, sondern sollte auch atheistische Ethiker und Humanisten mit einbeziehen. Es gilt, Lehrkräfte mit einem offenen und kritischen Religionsverständnis zu fördern; Lehrkräfte, deren Religiosität mit dem Bekenntnis zu Demokratie und Menschenrechten vereinbar ist. In der Schule geht es um Vermittlung von Wissen, nicht um Glaubensbekenntnisse. Kinder sollen die Inhalte verschiedener Religionsgemeinschaften kennenlernen, gleichzeitig sollen sie aber auch lernen, religiöse Lehren zu hinterfragen. Selbstständiges Denken muss auch hier gefördert werden.

Abschließend noch ein Wort zur sogenannten »Kopftuch-Debatte«. Ich habe kein Problem, wenn das Kopftuch aus Glaubensgründen getragen wird. Wie könnte ich einer erwachsenen Frau das Kopftuch streitig machen? Bei meinen Reisen in den Irak oder nach Nordsyrien habe ich tolle, moderne, emanzipierte Frauen kennengelernt, bei denen ich nie das Gefühl hatte, dass ihr Kopftuch für Distanz zwischen uns sorgt. Deshalb würde ich mich auch nie für ein generelles Kopftuchverbot in Deutschland aussprechen. Wem wäre damit auch geholfen? Nur den radikalen Kräften aller Richtungen.

Aber ich habe ein Problem, wenn das Kopftuch von einem religiösen zu einem politischen Symbol umfunktioniert wird, das aufseiten der Männer für Dominanzverhalten steht und aufseiten der Frauen für Unterwerfung. Und ich habe auch ein Problem, ein gewaltiges sogar, mit Kinderkopftüchern. Ich finde, dass wir uns an Mädchen vergehen, wenn wir zulassen, dass sie schon ganz früh ein Kopftuch tragen müssen. Ich kenne kein Mädchen im Alter von zehn, elf, zwölf Jahren, das seine Haare nicht gerne zeigt. Diese Form von Freiheit ist Teil eines Prozesses des Heranwachsens und der Selbstwerdung. Ihn zu behindern und gleichzeitig die Mädchen durch das Kopftuch viel zu früh zu sexualisieren, halte ich für hochgefährlich. Sie sollten sich später, im religionsmündigen Alter – in Deutschland ist man das mit vierzehn –, selbst für oder gegen das Tragen eines Kopftuchs entscheiden können.

»Die freiheitliche Demokratie für immer und ewig zu bewahren« – Gespräch mit Janina Kugel, Managerin

// **Düzen Tekkal:** *Bei einer Preisverleihung hat dich der Laudator, Steffen Kampeter von den Arbeitgeberverbänden, einmal eine »Träumerin« genannt, was natürlich wunderbar zu unserer Initiative* German Dream *passt. Daher liegt die Frage nahe: Wovon träumst du?*

\\ **Janina Kugel:** Ich träume davon, dass es eine Welt gibt, in der Unterschiede zwischen den Menschen keine Rolle mehr spielen. Bei der Preisverleihung, von der du sprichst, stand vor allem das Thema Gender-Diversity im Fokus. Aber mein Traum reicht weiter – dass es nicht nur keine Rolle spielt, welches Geschlecht du hast, sondern auch, dass es egal ist, woher du kommst, wie du aussiehst, was deine sexuelle Orientierung ist, ob du eine Behinderung hast oder nicht. Eben all das, was der Begriff »Diversity« meint. Es geht um Chancengleichheit. Wer in dieser Gesellschaft mitwirken will, muss die gleichen Möglichkeiten haben wie alle anderen, die hier leben. Und da sind wir einfach noch nicht. Deshalb müssen wir uns immer wieder fragen, wie wir das erreichen können.

// Wie schwierig ist es, diesen Traum als leitende Managerin in der Arbeitswelt Realität werden zu lassen? Welche Widerstände machen dir dabei besonders zu schaffen? Ich denke da etwa an strukturelle Diskriminierung.

\\ Es ist wichtig, sich immer klarzumachen, dass bestimmte Dinge nicht nur geschehen, weil einzelne Personen nicht anders agieren wollen oder können. Häufig sind uns diese Dinge schon so in Fleisch und Blut übergegangen, dass wir gar nicht mehr merken, wie dadurch Menschen diskriminiert werden. Wenn etwa Meetings auf die Tagesrandzeiten gelegt werden, dann werden damit ganz automatisch all jene ausgeschlossen, die Kinder zu betreuen haben. Wenn das immer und immer wieder geschieht, wenn Meetings stets nur um 19 Uhr stattfinden, dann kann man tatsächlich von struktureller Diskriminierung sprechen. Das ist jetzt nur ein Beispiel, ein eher plattes noch dazu. Diskriminierung umfasst natürlich noch viel, viel mehr. Und das muss man in einem Unternehmen, einer Organisation einfach adressieren, auch wenn es dann viele Leute gibt, die das nicht so gern hören. Strukturen zu verändern, eine Gesellschaft zu verändern, das bedeutet eben auch, das eigene Verhalten zu verändern. Wir wissen alle, wie schwer das sein kann und wie lange es unter Umständen dauert. Das ist eine große Herausforderung. Aber es gibt natürlich auch die positiven Reaktionen. Dass Menschen zu einem kommen und sagen: Endlich spricht das mal jemand an! Das gibt einem die Kraft weiterzumachen. An Tagen, an denen es nicht so gut läuft, sage ich immer zu meinem Team, aber auch zu mir selbst: Wenn du keinen Widerstand erlebst, dann hast du auch keine Veränderung angestoßen. Und ich glaube, um etwas anstoßen zu können, muss man eben manchmal einen Traum haben und Überzeugungstäter sein.

// *Ich weiß, du redest nicht so gerne über das Thema, dennoch möchte ich dich fragen, ob du selbst auch Diskriminierung erlebt hast.*

\\ Ich rede schon darüber, jedoch nur bis zu einem gewissen Punkt. Ich glaube, wir müssen in Deutschland langsam mal lernen, dass wir bestimmten Leuten nicht immer Fragen stellen, die wir anderen nie stellen würden. Für diejenigen, die mich nicht kennen: Ich bin eine Frau, und ich bin schwarz. Den Großteil meiner Kindheit und Jugend habe ich in Deutschland gelebt. Oft war ich die einzige Schwarze in der Gruppe. Ja, ich habe Diskriminierung erlebt. Ich war früher Leichtathletin und habe in Baden-Württemberg, wo ich aufgewachsen bin, sehr viele Preise gewonnen. Schnell hieß es dann: »Das ist ja auch kein Wunder, die Schwarzen springen nun mal weit und rennen schnell!« Man könnte das als positive Diskriminierung bezeichnen, aber eigentlich ist es unsäglich. Ich habe Ausgrenzung schon ganz früh erfahren, da war ich noch so klein, dass ich gar nicht richtig verstehen konnte, was da gerade passierte und was es zu bedeuten hatte. Aber ich merkte eben, dass es sich nicht gut anfühlte, »Negerlein« oder, in der schwäbischen Variante, »Negerle« gerufen zu werden. Dadurch wird dir nämlich von Kindheit an klargemacht, dass du anders bist als alle anderen. Und das macht etwas mit dir. Das trifft dich. Zum Glück konnte ich mich immer auf meine Eltern verlassen. Die haben das gut gemanagt und haben vor allen Dingen solche Ereignisse nie als Bagatelle abgetan.

// *Hat dich die Diskriminierungserfahrung in irgendeiner Form geprägt?*

\\ Ich glaube, sie hat mich aufmerksamer gemacht. Wer selbst einmal diskriminiert wurde, aus welchem Grund auch immer, wird sich hinterher viel besser in andere Menschen hineinversetzen können, die ebenfalls von Ausgrenzung betroffen sind. Neulich habe ich ein Buch gelesen mit dem tollen Titel *Warum ich nicht länger mit Weißen über Hautfarbe spreche.* Meine Mutter hat es mir geschenkt. Reni Eddo-Lodge, die Autorin, sagt: Viele Menschen sind in dem Umfeld, in dem sie leben, noch nie diskriminiert worden. Viele, die immer im selben kulturellen Raum geblieben sind, mussten noch nie erfahren, was es heißt, ausgegrenzt zu werden. Sie haben keine Ahnung, wie weh das tun kann.

// *Was muss sich ändern?*

\\ Man spricht ja im Zusammenhang mit Gleichstellung und Repräsentanz immer von den magischen dreißig Prozent. Was hat es damit auf sich? Mikroaggressionen, wie wir sie wohl beide schon im beruflichen Umfeld erlebt haben, kommen eher vor, wenn da nur *eine* Düzen oder nur *eine* Janina mit am Tisch sitzt, gegen die sich die Mikroaggression richtet. Alle anderen betrifft es nicht, und sie werden deshalb auch nicht protestieren. Du bleibst allein auf weiter Flur. Wenn da aber viele Düzens oder viele Janinas sitzen, dann passieren solche Dinge nicht mehr. Wenn dreißig Prozent der Anwesenden Frauen sind, werden keine Witze mehr über Frauen gerissen, denn dann kommt sich der, der sie erzählt, plötzlich seltsam vor. Deshalb ist es so wichtig, sich immer wieder klarzumachen: Eine oder einer allein wird es nicht schaffen. Es braucht eine größere Zahl, um sagen zu können: Halt, hier sind unterschiedliche Leute mit unterschiedlichen Denkweisen und Erfahrungen im Raum, und manche Dinge, die jemand für sich vielleicht witzig findet, sind es einfach nicht.

Natürlich spielen da auch noch gruppendynamische Prozesse mit hinein. Jemanden, der in der Hierarchie über einem steht, darauf hinzuweisen, dass er sich nicht okay verhält, ist schwer. Das trauen sich viele nicht. Ich habe versucht, das in mein Führungsverhalten mit aufzunehmen. Wenn ich mal etwas sage, was mir hinterher leidtut, weil es blöd war, dann spreche ich das auch an und entschuldige mich. Wir sind alle Menschen, wir machen alle Fehler. Aber es ist nicht zu viel verlangt, sich zu fragen, wenn man in einen Raum kommt: Welchen Menschen begegne ich hier? Kann ich bestimmte Dinge sagen, oder sollte ich es eher lassen? Es gibt Gesellschaften, die sehr viel mehr auf Political Correctness trainiert sind als wir. Ich denke da etwa an die USA. Ob dort das adäquate Verhalten immer auch im Herzen angekommen ist, steht natürlich auf einem anderen Blatt. Aber immerhin gibt es eindeutige Regelungen: Wenn du dich nicht politisch korrekt verhältst und dir das nachgewiesen werden kann, dann hast du die und die Konsequenzen zu tragen. Solche Gesetze haben wir in Deutschland nicht.

// Wenn du zurückschaust auf die junge Janina Kugel, welche Träume hattest du damals, und welche davon haben sich erfüllt?

\\ Ich glaube, der Traum, der sich am längsten gehalten hat, über fünfzehn, sechzehn Jahre ungefähr, das war der Traum, Ärztin zu werden. Ich habe ihn erst ad acta gelegt, als mir klar wurde, wie viel ich vor dem Beginn des Studiums noch hätte nachholen müssen, etwa den Medizinertest. Dafür war ich nach dem Abi einfach zu faul. Ich habe mich für viele Dinge interessiert und bin dadurch, manchmal auch durch Zufall oder Glück, ganz unterschiedlichen Menschen begegnet. Bis ich Anfang, Mitte dreißig war, hätte ich zum Beispiel nie gedacht, dass der Personalbereich für mich mal ein Thema werden könnte. Mich faszinieren Leute, die wirklich nur einen einzigen großen Traum verfolgen. Ich gehöre eher zu denen, die lieber noch einen Plan B oder sogar einen Plan C in der Tasche haben.

// Wie geht man mit Rückschlägen um? Wie kann man zu der Stärke finden, seinen eigenen Weg zu gehen?

\\ Es gibt ja diesen amerikanischen Satz: »Feedback is a gift.« Aber Feedback anzunehmen ist gar nicht so einfach. Feedback zu geben übrigens auch nicht. Du lernst am allermeisten, wenn du scheiterst. Wenn dir Leute sagen: Das könnte man auch anders machen. Denn dadurch eröffnen sie dir Wege, an die du vielleicht noch gar nicht gedacht hast. Im Privaten gab es schon einige Tiefschläge, bei denen ich mich heute frage: Warum hast du damals nicht früher agiert? Warum hast du das nicht kommen sehen? Im Beruflichen ist das etwas anders. Wer da nie Rückschläge erlebt hat, hat wohl auch nie etwas gewagt. Wenn du dich nie verirrt hast, bedeutet das eben auch, dass du nie neue Wege gegangen bist. Und sich mal zu verirren, empfinde ich eigentlich auch gar nicht so sehr als Rückschlag, sondern verbuche es eher unter: machen, Feedback bekommen, Fehler einsehen, neu machen. Auch das gehört zu meinen Credos: Wenn du feststellst, dass eine Entscheidung die falsche war, dann versuch nicht, sie zu rechtfertigen. Versuch nicht, etwas zu verbergen; sondern hab den Mut zu sagen: Ich habe eine falsche Entscheidung getroffen, und jetzt werde ich es besser machen. So wird meistens auch keine Katastrophe daraus.

// Hattest du Vorbilder in deiner Jugend?

\\ Eigentlich nicht. Ich habe immer viel gelesen, gerne auch Biografien: Mandela, Gandhi, Madame Curie. Von solchen Menschen kann man sich viel abschauen. Gleichzeitig muss man aber auch aufpassen, dass man in eine Person nicht zu viel hineinprojiziert und sie nicht überhöht. Unglaublich wichtig finde ich es, dass sich Menschen, die in einer Gesellschaft leben, auch ausreichend repräsentiert fühlen. Bilder spielen da eine große Rolle. Der Klassiker ist: Ein Unternehmen hat das neue Führungsteam berufen, und dann stehen da lauter weiße Männer ähnlichen Alters, und alle tragen ähnliche Anzüge. Welche Botschaft transportiert dieses Bild? Dass eine ganz große Gruppe von Menschen außen vor bleibt. Sollte das das Ziel gewesen sein, hat das Bild seinen Zweck erfüllt. Wer aber einen inklusiveren Ansatz verfolgt, der sollte schon darauf achten, dass die, die an den Entscheidungshebeln sitzen, eine Gesellschaft auch wirklich repräsentieren.

// *Du hast ja als Wertebotschafterin für* German Dream *schon eine Schule besucht.* Und jetzt musste ich gerade an das sudanesische Mädchen denken, das nach der Stunde zu dir gekommen ist. »Zum ersten Mal bin ich einem möglichen Vorbild begegnet, das so aussieht wie ich«, hat es gesagt.

\\ Es ist schön und wichtig, wenn du als junger Mensch Leute triffst, die so aussehen wie du selbst. Oder von denen du glaubst, dass sie so sind wie du. Denn dann kannst du dir sagen: Die sind mir ähnlich und haben etwas Bestimmtes erreicht, dann kann ich das ja vielleicht auch. Das kann eine große Wirkung haben.

// *Wie hast du die Schülerinnen und Schüler an diesem Tag erlebt?*

\\ Als wissbegierig, sehr offen und äußerst präzise in ihren Fragen. Da wurde ein breites Spektrum abgedeckt. Jemand hat ein politisches Statement an Siemens adressiert. Dann war da die junge Frau mit afrikanischen Wurzeln, von der du gerade erzählt hast. Und wir hatten sogar das Outing einer Transgender-Person, die an ihren Lehrern Kritik geübt und einen flammenden Appell gegen Homophobie an der Schule gehalten hat. Alles in allem waren das ganz tolle neunzig Minuten, sehr dicht und emotional. Ich habe versucht, den Schülern Mut zu machen, immer an sich zu glauben. Gerade als Teenager kann es ja immens schwierig sein, nicht zum Mainstream zu gehören. Es braucht Kraft, zu erkennen, dass das auch absolut okay so ist. Das, weswegen man sich mit dreizehn, vierzehn oder fünfzehn vielleicht ganz, ganz schlecht fühlt, kann irgendwann einmal zu etwas werden, das einen immens stark macht.

// Immer mehr alte Gewissheiten gelten nicht mehr, die ganze Welt scheint sich rasant zu verändern. Wie schafft man es, die Menschen mit in den Wandel zu nehmen?

\\ Indem man ihnen zuhört und ihre Sorgen ernstnimmt, ihnen gleichzeitig aber auch erklärt, dass Ambiguität nie verschwinden wird. Leider tut sich Deutschland mit Veränderungen oft schwer. Und leider glauben viele in Deutschland und auch in anderen Ländern gern an das populistische Versprechen, dass wir alle wieder in eine abgeschirmte Welt zurückkehren können. Das wird nicht geschehen. Wir sind Teil einer globalen Gesellschaft. Da kann man nicht alles allein machen, und schon gar nicht perfekt. In einer Welt voller Ambiguität muss man häufig sehr, sehr schnell agieren, und das verträgt sich mit dem Streben nach Perfektion nur bedingt. Deshalb werden Veränderungswille und die Bereitschaft, neue Dinge zu lernen, in Zukunft so wichtig werden.

// Wie müssen die Schulen auf diese Herausforderungen reagieren?

\\ In einer zunehmend unübersichtlicheren Welt und in Zeiten von Fake News ist es wichtiger denn je, die Wahrheit von den Lügen unterscheiden zu können. Man braucht zudem auch ein gewisses historisches Wissen, um so manches, was heute passiert, richtig einschätzen zu können, vor allem in seinen historischen Zusammenhängen. Mir macht zum Beispiel die Propaganda von Parteien wie der AfD auch deswegen Angst, weil wir solche Positionen aus der deutschen Geschichte schon kennen. Wir müssen wachsam bleiben. Wir dürfen das nicht abtun oder gar verharmlosen, sondern müssen es ernstnehmen. Zudem sollten Schulen jungen Menschen neue Formen des Lernens nahebringen. Lernen bedeutet nicht nur, Dinge zu hören und dann, wenn es gefordert ist, abzurufen. Es kommt auch auf das eigenständige Weiterprozessieren des Gelernten an, und zwar immer in der Gemeinschaft mit anderen.

// *Wie kann sich der* German Dream *auch für diejenigen erfüllen, die als Flüchtlinge und Migranten neu zu uns kommen?*

\\ Man muss sich vor Augen führen, dass uns in den nächsten zwei, drei Jahrzehnten fast vier Millionen Fachkräfte fehlen werden. Wir sind also auf Zuwanderer angewiesen. Für den, der die Möglichkeit bekommt, bei uns zu leben und zu arbeiten, eröffnen sich dadurch immense Chancen. Eine der größten Herausforderungen der kommenden Jahre wird es sein, eine solche inklusive Arbeitswelt zu gestalten – neben all den anderen Veränderungen, die uns durch Digitalisierung, Automatisierung und vor allem Globalisierung bevorstehen.

// *Du hast vorhin davon gesprochen, dass sich die Deutschen oft schwertun mit Veränderungen. Gibt es spezifisch deutsche Werte oder Tugenden?*

\\ Ich könnte jetzt natürlich die Klischees aufzählen. Beispielsweise habe ich lange in Italien als Personalchefin gearbeitet, ehe ich dann den Stab an eine Italienerin weitergereicht habe. Sie war bekannt dafür, stets überpünktlich und übergenau zu sein. Ich dagegen bin beides nicht immer. Das Team hat sich über uns prächtig amüsiert: »Du bist ja viel deutscher als die Janina!«

// Lass uns noch über Heimat sprechen. Was ist Heimat für dich?

\\ Ich hatte das Glück und die Chance, an ganz vielen unterschiedlichen Orten der Erde leben und arbeiten zu können. Daher würde ich Heimat für mich immer mit menschlichen Beziehungen gleichsetzen. Heimat ist da, wo die sind, die ich liebe und mit denen ich gerne Zeit verbringe. Das Schöne an der fortgeschrittenen Technologie ist ja, dass man sich durch sie auch Menschen, die man nur ganz, ganz selten persönlich trifft, weil sie vielleicht am anderen Ende der Welt leben, sehr nahe fühlen kann. Man kann sich mit so vielen Leuten verbinden, die irgendwo da draußen sind.

// Wenn ich als Kriegsberichterstatterin in den Irak fahre, werde ich häufig bemitleidet. Die Leute verstehen einfach nicht, dass das für mich auch ein Stück Heimat ist. Sicher, jede Reise in dieses Gebiet ist eine Herausforderung, und ich habe immer auch ein wenig Angst, dass etwas passiert. Aber gleichzeitig fahre ich auch mit ganz viel Liebe in meinem Herzen dorthin, weil ich eben wieder in eine meiner Heimaten komme. Menschen wiederzusehen, mit denen mich gemeinsame Erlebnisse verbinden, mit denen ich eine Geschichte teile, das ist auch für mich Heimat. Wie siehst du das, ist man der Heimat etwas schuldig? Verpflichtet sie uns zu etwas?

\\ Das ist eine schwierige Frage. Ich würde sie auch ungern verallgemeinernd beantworten wollen. Denn es hängt wahrscheinlich immer davon ab, was einem in der Heimat widerfahren ist. Wenn Menschen ihr Land oder ihre Familie als Heimat bezeichnen und wenn dieses Land sie verstoßen oder diese Familie sie schlecht behandelt hat, dann glaube ich nicht, dass man der Heimat etwas schuldig ist. Dann ist es wichtiger, sich abzugrenzen, um überleben und in Ruhe weitermachen zu können. Ich glaube aber schon, dass man dem Land gegenüber, in dem man leben möchte, verpflichtet ist. Fühle ich mich also Deutschland gegenüber verpflichtet, meinen Eltern, meinen treuen Weggefährten? Ja. Weil sie mir eben auch viel gegeben haben. Aber denjenigen, die mir vielleicht irgendwann auf meinem Weg mal ein Bein gestellt haben, denen gegenüber fühle ich keine Verpflichtung. Vielleicht läuft alles auf die Frage hinaus: Wo, in welchem Land, kann man seine Kraft am besten einsetzen? Und da habe ich für mich festgestellt, dass ich in unterschiedlichen Ländern jeweils ganz unterschiedliche Dinge ins Rollen bringen kann. Es muss also nicht immer das Land sein, das ich am besten kenne, in dem ich mich am besten verwirklichen kann. Zum Beispiel habe ich in Brasilien eine Französin kennengelernt, die nur aufgrund des Berufs ihres Mannes – er war im Auswärtigen Dienst – dort gelandet war. Aber mit der Zeit hat sie dann gemerkt, dass ihr Business in Brasilien eine viel, viel stärkere Wirkung entfalten kann als in Frankreich. Insofern glaube ich, dass das immer sehr individuell ist.

// *Hast du einen* German Dream?

\\ Mein *German Dream* ist es, Deutschland zu einer wirklich inklusiven Gesellschaft zu gestalten und unsere freiheitliche Demokratie, die wahrlich keine Selbstverständlichkeit ist, für immer und ewig zu bewahren.

Von Sprechverboten und sonstigen Anfeindungen

Klein beigeben ist keine Option

Weil ich Jesidin bin und die Demokratie verteidige, erhalte ich Todesdrohungen, seit einigen Jahren schon. Die Drohungen zielen auf meine Person, aber sie richten sich auch gegen das, was ich an Deutschland am meisten liebe und wofür ich als Kind von Migranten aus der Türkei dankbar bin: die Freiheit. Eine große Kinokette wollte meinen Dokumentarfilm über die Verbrechen des IS aus Angst vor Anschlägen nicht zeigen. Ein deutscher Bürger, der die Produktion des Films unterstützte, wollte im Abspann nicht namentlich genannt werden, weil er Angst hatte, ins Visier von Islamisten zu geraten. Der Salafistenprediger Pierre Vogel unterstellte mir wegen meiner Kritik am Salafismus »Hass auf den sunnitischen Islam« und sorgte so dafür, dass ich zum Hassobjekt gewaltbereiter Verteidiger des Islams wurde, von denen nicht wenige aus demselben Land stammen wie meine Eltern.

Wie mir ergeht es vielen. Der Vorwurf, islamophob zu sein, wenn man Kritik am Islam übt, wird mittlerweile fast reflexhaft erhoben. Ein Beispiel ist der mit EU-Geldern teil-finanzierte *European Islamophobia Report 2018*. Eigentlich soll er konkrete Angriffe auf Muslime und Formen des Islamhasses dokumentieren. Aber da die türkische, der Regierung Erdoğan verpflichtete Seta-Stiftung für die Publikation verantwortlich zeichnete, werden im Report auch die Namen von deutschen Islamkritikern wie Ahmad Mansour oder Susanne Schröter aufgeführt. Von Menschen also, die den Prinzipien der europäischen Aufklärung verpflichtet sind, für Reformen des Islams eintreten und konstruktive Religionskritik üben. Die alles sind, nur nicht islamophob. Aber um die Wahrheit geht es dem Report ja auch gar nicht. Er will denunzieren und einschüchtern. Jeder weiß inzwischen, dass derartige Vorwürfe Brandbeschleuniger sind, wenn sie für bare Münze genommen und von Fanatikern als Aufforderung zum Handeln verstanden werden.

Wenn ich bei öffentlichen Veranstaltungen vom Leiden der Jesiden unter der Schreckensherrschaft des IS erzähle oder in einer Talkshow Erdoğans Invasionspolitik und seinen Umgang mit den Kurden kritisiere, lobt man mich hinterher oft für meinen Mut. Mich freut das Lob, und gleichzeitig ärgert es mich. Was ist mutig an Kritik? Ich will nicht mutig sein müssen in meinem eigenen Land, wenn ich auf islamistisch motivierte Gewalttaten hinweise oder vor der Instrumentalisierung des Islams für politische Zwecke warne. Vielmehr sollten wir uns alle viel mehr einmischen und in die Debatten einbringen, die uns umtreiben. Alle heißt: auch die autochthon Deutschen, die, so habe ich manchmal den Eindruck, lieber eine Deutsche mit Zuwanderungsgeschichte die Dinge sagen lassen, die sie sich selbst zu sagen nicht (mehr) trauen, aus Angst, in eine falsche Ecke gestellt zu werden.

Den Angriffen radikaler Muslime müssen jene von rechts an die Seite gestellt werden. In meinem ersten Buch habe ich Islamismus und Rechtsradikalismus »die bösen Zwillinge« genannt. Beide bedrohen die, die anders sind als sie und eine andere Meinung vertreten. Beide bedrohen Politiker und Journalisten. Beide bedrohen Juden; bedrohen Nichtmuslime, weil sie Nichtmuslime sind, und Muslime, weil sie Muslime sind. Sie greifen Menschen wie mich an, weil man uns entweder für »ungläubig« hält oder aber für »undeutsch«.

Mit dem Einzug der AfD in die Parlamente geht eine spürbare Verrohung des Diskurses einher. Die Grenzen des Sagbaren werden mehr und mehr nach rechts verschoben, so weit, bis der Schritt vom Wort zur Tat manchem klein genug erscheint, um ihn zu gehen. So wurde der hessische CDU-Politiker Walter Lübcke im Juni 2019 wegen seiner Verteidigung unserer Werte und seines Engagements für Flüchtlinge von einem Rechtsextremisten ermordet. Und im November 2019 wurde bekannt, dass eine Neonazigruppe dem Grünen-Politiker Cem Özdemir mit seiner Ermordung gedroht hat – nachdem er in der Vergangenheit bereits von türkischen Nationalisten zum Ziel erklärt worden war. Das sind nur zwei Beispiele, es gibt unzählige andere.

Als die Morddrohungen gegen Cem Özdemir öffentlich wurden, entschloss ich mich dazu, auf Twitter davon zu erzählen, wie es sich anfühlt, angegriffen zu werden. Etwas, was mich schon lange beschäftigt hatte, wollte endlich formuliert sein:

Wenn dir jemand sehr plastisch Gewalt androht: Da schluckst du schon erst mal, aber dann beruhigst du dich selbst: Wahrscheinlich ist es irgendein harmloser Maul-held. Doch kurz darauf erwähnt einer deine Adresse. Und plötzlich fühlst du dich nach Feierabend im Trep-penhaus unwohl.

Aber klein beigeben ist keine Option. Also nicht verrückt machen lassen. Das wollen die ja. Doch dann haben deine Eltern von der Sache Wind bekommen. Die rufen dich an und sagen dir, dass du dich in Zukunft lieber ein bisschen zurückhalten solltest. Du hast Verständnis für ihre Sorge.

Aber du erklärst ihnen auch, dass deine Arbeit wichtig ist und du nicht einfach aufhören kannst. Man kann doch die Faschisten nicht gewinnen lassen. Außerdem achtest du ja auf deine Sicherheit und tust alles, damit nichts passiert. Dann legst du auf und fragst dich selbst: Stimmt das denn?

Ein fehlendes Sicherheitsgefühl schränkt die Freiheit ein. Nach dem Mord an Walter Lübcke müssen wir in Anbe-tracht der massiven Drohungen zumindest diskutieren, ob die Maßnahmen des Staates, Demokratinnen und Demokraten vor den Feinden der Demokratie zu schüt-zen, ausreichend sind.

Plötzlich überlegst du dir, ob nicht ein anderer Standort für dein Büro besser wäre. Aber eigentlich hast du dafür gerade gar keine Zeit. Schon der Termin beim Bür-geramt, um die Melderegisterauskunft sperren zu lassen, hat Stunden gekostet.

Aber dann wägst du ab: Die wollen, dass ich schweige.
Das werden sie nicht erreichen. Und du nimmst dir vor,
in Anbetracht von Hass, Gewalt und Leid nicht abzu-
stumpfen und zynisch zu werden; sondern das Gute zu
sehen und daran zu glauben, dass es morgen besser wird.
Und dich immer dafür einzusetzen.

Gutmensch oder Nazi?

Ich komme aus einem sozialdemokratischen Elternhaus.
Mein Vater ist seit Jahrzehnten stolzes SPD-Parteimitglied.
Die Eltern meiner Freunde haben mich mit ihren linksliberalen Ansichten mehr geprägt, als sie vermutlich ahnen. Später engagierte ich mich im Studentenparlament für die Jusos.
Dennoch habe ich irgendwann bewusst mit dem linksliberalen Spektrum gebrochen. Ich hatte genug vom dort gepflegten Multikulti-Kuschelkurs, der Diversität zum höchsten
Gut erklärt und dabei vergisst, dass darunter auch Strömungen fallen, die jede entgegengebrachte Toleranz mit Intoleranz beantworten und jede Nachgiebigkeit mit aggressiver
Dominanz.

Zu oft wird im Namen der kulturellen Vielfalt ein Auge
zugedrückt. Bei den Frauenrechten. Bei der Religionsfreiheit. Bei der religiösen Früherziehung. Plötzlich gelten auch
sprachliche Doppelstandards. Einerseits werden die fehlenden Rechte von Homosexuellen im Mittleren und Nahen
Osten beklagt, andererseits wird aber politisch korrekt
geschwiegen, wenn Homosexuelle in Berlin-Wedding von
Leuten aus dem Mittleren und Nahen Osten zusammengeschlagen werden.

Wer auf solch kognitive Dissonanz hinweist, läuft Gefahr, als Migrationsfeind zu gelten. Entsprechende Debatten erhitzen sich schnell, und noch schneller erreichen sie eine Unterkomplexität, die auf die alles entscheidende Frage zuläuft: »Bist du Gutmensch oder Nazi?« Nicht selten wird die einmal als Diskussionsbefriedung gedachte politische Korrektheit als Waffe gegen Andersdenke eingesetzt und vertieft so die Gräben, die sie doch eigentlich zuschütten sollte. Die Verunsicherung, die daraus resultiert, spielt den Populisten in die Hände. Die AfD hat daraus ein Geschäftsmodell gemacht: sich in düsteren Zustandsbeschreibungen zu verlieren und Scheindebatten zu führen. Ihr Spiel mit der Angst hat nichts mit dem Klartext zu tun, den ich meine, denn es verweigert sich bewusst und konsequent jedem Lösungsansatz.

Um Lösungen finden zu können, müssen die Probleme vorher benannt werden. Ohne Panik zu verbreiten, aber auch ohne zu beschönigen. Der *German Dream*, wie ich ihn verstehe, ist auch ein Aufruf zum Pragmatismus. Ihm geht es weniger um politisch korrekte Sprache, sondern um politisch korrekte Zustände. Wenn es die dann gibt, ist es fast schon egal, wie man sie bezeichnet. Wir sollten uns auf die wirklich wichtigen Dinge konzentrieren, nicht auf Nebenschauplätze.

Zu Letzteren zählt auch die Diskussion um die Frage »Wo kommst du her?«. Viele Menschen mit Zuwanderungsgeschichte begreifen diese Frage als Form von alltäglichem Rassismus. Sie formuliere, so lautet die Argumentation, eine bewusste Ausgrenzung, ein Bestehen auf dem Anderssein des Gefragten. Selbstverständlich kann ich diesen Gedanken nachvollziehen, mir zu eigen machen kann ich ihn trotzdem nicht. Unterscheidungen zu treffen heißt noch nicht,

zu diskriminieren. Ist jeder, der mich »Wo kommst du her?«
fragt, wirklich ein Rassist? Oder manchmal nicht einfach
ein Mensch, der freundlich sein will, vielleicht ein bisschen
neugierig ist und wissen möchte, wo meine Wurzeln sind?
Man sollte die Mehrheitsgesellschaft nicht unter Generalverdacht stellen. Vielleicht wird die Frage samt den dazugehö-
rigen Antworten sogar irgendwann zu einer schönen Selbstverständlichkeit – weil Deutschland ein buntes, vielfältiges
Land geworden ist, in das Menschen aus aller Herren Länder
gekommen sind, um hier gemeinsame Werte zu teilen.

Wir brauchen ein großes Wir

Jeder kennt den *American Dream*. Migrantinnen und Migranten fanden in den USA ihre Chance und begründeten die
ökonomische Stärke und die kulturelle Vielfalt des Landes.
Gilt das heute auch noch? Heute ist mit Donald Trump ein
Mann Präsident, der den Traum von Diversity und Chancengleichheit regelrecht bekämpft. Er setzt lieber auf Rassismus und fordert vier demokratische Kongressabgeordnete
mit Zuwanderungsgeschichte, Frauen allesamt, dazu auf,
»in ihre Länder zurückzugehen«. Er weiß, dass er sie damit
als nicht zugehörig bezeichnet. Bei öffentlichen Auftritten
springt ihm die jubelnde Menge bei und skandiert: »Schickt
sie zurück!«

Aber wohin eigentlich? Drei der Frauen sind in den USA
zur Welt gekommen. Die vierte, Ilhan Omar, floh als Kind
mit ihrer Familie vor dem Bürgerkrieg in Somalia. Dass
Trump gerade diese Frauen als Opfer für eine seiner häu-
figen Attacken wählt, geht über das übliche Beleidigen von

politischer Konkurrenz hinaus. Er weiß, dass die Frauen ein Amerika der Vielfalt verkörpern, das mit jenem Amerika, das »great again« werden soll, nicht viel gemein hat.

Leider bekleckert sich auch die demokratische Seite nicht mit Ruhm. Auch dort werden Feindbilder bedient, ist Demagogie nicht weit. So bemüht besagte Ilhan Omar immer wieder antisemitische Stereotype, wenn sie die Politik Israels kritisiert. Der Sache der Demokraten erweist sie damit einen Bärendienst, dem gesellschaftlichen Zusammenhalt schadet sie nicht minder.

Trump ist nicht vom Himmel gefallen. Seine Wahl war die Antwort auf ein demokratisches Establishment, das sich irgendwann fast ausschließlich in Minderheitsthemen ergangen und dadurch große Teile der Wähler verloren hat. Mit Identitätspolitik und politischer Korrektheit Wahlen gewinnen zu wollen, stellte sich für Hilary Clinton als der falsche Plan heraus. Vor allem, wenn man jene, die nicht zur urbanen, gut ausgebildeten, welterfahrenen, Gender-bewussten Elite gehören, pauschal mit »Rassisten, Sexisten, Homophoben, Fremdenfeindlichen, Islamophoben« in einen Topf wirft beziehungsweise in den »basket of deplorables«, den »Korb der zu Bedauernden«.

Dass eine bestimmte Form der Identitätspolitik mittlerweile auch in Deutschland Anklang findet, merke ich ganz konkret an Freunden und Kollegen mit migrantischen Wurzeln, die sich plötzlich selber als »PoC«, *People of Color*, bezeichnen. Mich irritiert das. Gestern warst du noch Murat, und heute sprichst du von einem »Wir«, dem du »die anderen« gegenüberstellst? Ausschließlich aufgrund deiner Zuwanderungsgeschichte? Wo wir doch alle deutsche Staatsbürger sind?

Bei allem Rassismus und aller Diskriminierungserfahrung, die es zweifelsohne in Deutschland gibt, halte ich das für einen Irrweg. Wenn wir uns in Gruppen mit jeweils genau festgelegten Eigenschaften – Herkunft, Religion, Geschlecht, Hautfarbe – aufteilen und unsere Werte nur noch jene der eigenen Gruppe sind, treiben wir die Spaltung der Gesellschaft voran. Wenn du nicht für mich bist, bist du gegen mich: Indem wir uns in den Schwarz-Weiß-Debatten der Identitätspolitik verirren, bringen wir uns selbst um die Chance, eine gruppenübergreifende Erzählung zu formulieren. Dabei wäre die nötiger denn je. Die Themen, die wir zu bewältigen haben, sind viel zu komplex für einfache Gut-und-böse-, Links-und-rechts-Schemata. Wir brauchen ein großes Wir, nicht ganz viele kleine.

Haben wir, was uns verbinden könnte, nicht glaubhaft und beharrlich genug kommuniziert? Es scheint fast so. Lagerdenken und Abschottung funktionieren prächtig, bei der »Das wird man doch wohl noch sagen dürfen«-Fraktion ebenso wie bei den PoC-Vertretern. Beide entziehen sich der Diskussion durch das unbeirrbare Festhalten an der eigenen Position. Man sieht den Splitter im Auge des anderen, den Balken im eigenen Auge sieht man nicht.

»Wenn man aufhört zu träumen, hört man ein Stück weit auf zu leben« – Gespräch mit Magdalena Rogl, Head of Digital Channels bei Microsoft Deutschland

*// **Düzen Tekkal:** Bei unserem gemeinsamen Schulbesuch für* German Dream *gab es einen Moment, an den ich noch lange zurückdenken werde. Du hast vor der Klasse von deinem gewalttätigen Vater gesprochen, davon, wie er dich und deine Schwester regelmäßig geschlagen hat.*

\\ **Magdalena Rogl:** Es war mir wichtig, das den Jugendlichen zu erzählen. Natürlich begibt man sich auf dünnes Eis, wenn man über derart private Dinge öffentlich spricht. Man exponiert sich und zeigt sich dadurch auch in seiner Verletzlichkeit. Dazu kommt, dass das Thema Gewalt in der Familie noch immer mit einem Tabu belegt ist. Aber ich finde, gerade deshalb muss darüber gesprochen werden. Vor gut einem Jahr war ich zu einem ausführlichen Radio-Interview eingeladen, in dem es auch um meine persönliche Lebensgeschichte gehen sollte. Und plötzlich war mir klar: Ich muss über das reden, was ich erlebt habe, denn es gehört nicht nur zu meiner Biografie, es hat mich auch geprägt. Auf gewisse Weise hat das Erlebte seinen Anteil daran, dass ich die geworden bin, die ich heute bin. Das war aber nur der eine Punkt. Ich wollte auch dazu beitragen, das Thema aus dem Schweigen zu holen.

// War das das erste Mal, dass du darüber in der Öffentlichkeit gesprochen hast?

\\ Ja. Das Interview lief gut, der Moderator war toll, dennoch dachte ich hinterher: Das war der größte Fehler meines Lebens. Ich rief sofort meine Mutter und meine Schwester an. Durch das Interview hatte ich sie ja sozusagen mitgeoutet. Beide sagten mir aber sofort, dass das für sie okay sei. Das Interview wurde noch am selben Abend ausgestrahlt, ich hörte es mir an und war beruhigt. Der Sender hatte das Thema nicht aufgebauscht. Man hat mich einfach meine Geschichte erzählen lassen, ohne das in irgendeiner Form zu bewerten. Die Reaktionen auf das Interview waren überwältigend. Viele Menschen, die ich gar nicht kannte, die aber in ihrer Kindheit auch Gewalt erfahren hatten, meldeten sich: »Danke, dass Sie den Mut hatten, darüber zu sprechen. Sie haben dadurch gezeigt, dass man nicht das ganze Leben lang Opfer sein muss.«

Natürlich gehe ich jetzt nicht ständig mit diesem Thema hausieren. Aber als wir mit *German Dream* an diese Münchener Schule kamen und ich die Gesichter der Jugendlichen vor mir sah, wusste ich, dass das die richtigen Adressaten waren. Genau in ihrem Alter habe ich mich so unendlich falsch gefühlt in meinem Leben. Irgendwann habe ich mir sogar selbst die Schuld für das Verhalten meines Vaters gegeben. Ich glaube, man hat an den Reaktionen in der Klasse gemerkt, dass vielen solche Geschichten zumindest bekannt vorkamen. Vielleicht hatten sie ja sogar selbst etwas Ähnliches erlebt oder erlebten es noch. Ich habe versucht, allen zu verdeutlichen, dass wir hier in einem Staat leben, in dem häusliche Gewalt ein Straftatbestand ist. Zwar leider noch nicht sehr lange, aber mittlerweile zum Glück eben schon. Gewalt ist gesetzlich verboten. Viele Kinder wissen das ja gar nicht. Für sie gehören Gewalterfahrungen zum Alltag. Man muss ihnen erst klarmachen, dass das absolut nicht okay ist und dass nicht sie es sind, die sich schlecht oder gar schuldig fühlen müssen, sondern die Täter.

// Genau das war auch mein Eindruck. Ohne dass die Schüler das explizit äußern mussten, merkte man, dass sie dich gefühlt haben. Die Art und Weise, wie alle hinterher ganz offen aus ihrem Leben erzählt haben, hatte ganz viel damit zu tun, dass du etwas sehr, sehr Privates mit ihnen geteilt hattest. Ich bekomme so oft zu hören: »Ach, diese perfekten German Dreamer *mit ihren perfekten Lebensläufen!« Dabei geht es um so vieles, nur nicht darum, perfekt zu sein. Sondern um die Herausforderungen, die das Leben für einen bereithalten kann. Oder um die Schmerzen auf dem Weg zur Erfüllung seiner Träume. – Aber von vorn: Was macht ein »Head of digital channels« bei* Microsoft Deutschland *eigentlich?*

\\ »Head of Digital Channels« klingt natürlich wahnsinnig neu und hip und eindrucksvoll. Der Titel bedeutet einfach, dass ich in der Unternehmenskommunikation arbeite und mich um die digitalen Kommunikationskanäle kümmere. Klassische PR also. Früher hat man eine Pressemitteilung geschrieben und dann an die Journalisten gefaxt. Heute passiert das über ganz unterschiedliche Kanäle, besonders auch über Social Media. Und dafür bin ich bei Microsoft Deutschland zuständig. Das heißt, ich unterstütze das Kommunikationsteam darin, unsere Inhalte auf die unterschiedlichen digitalen Kanäle zu bringen.

// Du bist ja auch privat sehr aktiv bei Social Media. Was mir bei deinen Posts auffällt und was ich großartig finde: Du machst einem gute Laune. Beim Lesen geht mir immer so ein bisschen das Herz auf.

\\ Leider nutzen viele Menschen die sozialen Medien fast nur noch als Motz- und Beschwerdekanäle. Da werden Leute an den Pranger gestellt und manchmal sogar bedroht. Dabei liegt der Sinn dieser Medien doch eigentlich darin, dass wir uns vernetzen, Infos austauschen und ins Gespräch finden. Früher habe ich dort auch manchmal Dampf abgelassen oder herumgeschimpft. Aber irgendwann habe ich mich bewusst dafür entschieden, auf das Motzen und Meckern zu verzichten. Wir alle sollten diese Plattformen wieder viel stärker dafür nutzen, das Positive hervorzuheben. Das heißt nicht, dass man alles nur durch die rosarote Brille sehen soll. Auf Missstände hinzuweisen und konkrete Lösungswege aufzuzeigen bleibt immer wichtig. Man beweist dadurch ja auch Haltung. Aber das geht auch, ohne jemanden zu beleidigen.

// Dieser Ansatz verbindet uns. Und wir haben noch etwas gemeinsam: Wir kennen die deutsche, aber auch noch eine andere Welt, in deinem Fall ist es die kroatische.

\\ Eigentlich komme ich aus einer total deutschen Familie. Meine Eltern sind beide in Deutschland geboren, und ich bin es auch. Dennoch fühle ich eine starke Verbindung zu meinen kroatischen Wurzeln, allein schon durch meinen Mädchennamen. Der wird mit zwei Akzenten geschrieben, damit hatten alle immer so ihre Probleme. Aussprechen konnte ihn eigentlich auch keiner, erst recht nicht in dem kleinen bayerischen Dorf, wo wir früher gewohnt haben. Während für mich diese kroatische Seite unserer Familie sehr wichtig ist, hat meine Schwester diesen Bezug gar nicht. Wir sind da komplett verschieden.

// *Unter meinen Schwestern gibt es auch welche, die deutscher sind als die anderen. Eine nennen wir sogar immer »Deutsche Eiche«, weil sie in allem so korrekt ist. Wir haben sie deshalb zur Herrin über unsere Finanzen ernannt. Ich selbst bin einerseits sehr deutsch, denn ich wurde als Erste von uns Geschwistern in Deutschland geboren. Aber mein Lebensmotto ist eher orientalisch: »Das wird schon! Wir kriegen das hin!« – Wenn man sich deinen beruflichen Werdegang anschaut, so verlief der nicht gerade klassisch-geradlinig. Du hast immer wieder neu angefangen.*

\\ Ich wollte früh schon Kindergärtnerin werden. Das war mein absoluter Traumjob. Sicher hing das auch mit meiner eigenen Kindheit zusammen. Es gab den Impuls: Ich will zeigen, dass man Kinder lieben kann, dass sie es gut haben können. Ich habe dann zwar das Gymnasium besucht, aber für mich war immer klar, dass ich das Abitur eigentlich gar nicht brauche. Zu Beginn der zehnten Klasse habe ich mich nach Ausbildungsplätzen umgesehen und dann auch sehr schnell eine Zusage bekommen, sodass ich von der Schule abgehen konnte. Im Freundes- und teilweise auch im Familienkreis haben sie das nicht toll gefunden. Meine erste große Liebe hat mir mehr oder weniger deutlich zu verstehen gegeben, dass er sich eine Freundin ohne Abitur nicht vorstellen könne. Doch ich habe den Schritt nie bereut. Ich ging in meiner Aufgabe auf und gehörte immer zu den Besten. Normalerweise dauert die Ausbildung zur Erzieherin fünf Jahre, aber es ist möglich, schon nach zwei Jahren den Abschluss zur Kinderpflegerin zu machen. Das war mein Glück, denn ich wurde, nicht ganz geplant, mit neunzehn schwanger. Meine erste Stelle trat ich an, als ich schon schwanger war. Wir waren auf das Geld angewiesen. Mein damaliger Mann war nur unwesentlich älter als ich und hatte zu der Zeit noch keinen festen Job. Daher war klar, dass ich die Monate bis zur Geburt arbeiten würde. Das hat mir auch großen Spaß gemacht. Alles ging seinen Gang. Das erste Kind, die Hochzeit, dann wieder gearbeitet, mit vierundzwanzig das zweite Kind. Ich hatte das, was ich mir immer vorgestellt hatte: meine Bilderbuchfamilie, meinen Traumjob.

Aber irgendwann kam es eben doch anders. Mein Mann hatte früher als ich verstanden, dass Bilderbuch nicht das richtige Leben ist. Wir waren sehr jung und wollten allen zeigen, dass wir das Leben als Familie hinbekommen konnten. Das haben wir auch, dennoch ging es damals nicht mehr weiter. Ich war fünfundzwanzig, hatte zwei Kinder und war plötzlich alleinerziehend. Als Kinderpflegerin in München ist das nicht so leicht. Langsam wurde mir klar, dass ich beruflich noch einmal etwas Neues wagen wollte. Nicht nur aus finanziellen Gründen. Rund um die Uhr ausschließlich Kinder zu betreuen, tagsüber die fremden, abends die eigenen, das setzte mir immer mehr zu. Ich konnte irgendwann einfach nicht mehr. Zu dieser Zeit war Social Media noch ganz neu in Deutschland, Facebook zum Beispiel kam gerade erst um die Ecke. Aber ich fand das alles damals schon unheimlich spannend und begann, mich richtig dafür zu interessieren. Meine Freundinnen waren nach der Schule und dem Studium in die ganze Welt ausgeschwärmt – plötzlich gab es die Möglichkeit, ganz problemlos mit ihnen in Kontakt zu bleiben! Vielleicht kann man sagen, dass ich einfach zur richtigen Zeit auf das richtige Pferd gesetzt habe. Social-Media-Profis gab es noch keine, und die Strukturen waren noch sehr durchlässig. Ich bewarb mich bei der Redaktion von *Focus Online* und übernahm dort die Community-Abteilung. Parallel begann ich ein Studium in Social Media und Community-Management. Nach ein paar Jahren wechselte ich in die Unternehmenskommunikation und bin dann schließlich bei Microsoft gelandet.

// Woher hast du die Kraft genommen, dich immer wieder neu zu erfinden?

\\ Zum einen bin ich ein wahnsinnig dickköpfiger Mensch. Einen Satz wie »Das geht nicht!« höre ich nur äußerst ungern. Ich will mir keine Grenzen setzen lassen, auch nicht von meinem Leben. Und zum anderen sehe ich die Dinge immer als Optimistin. Wenn ich an etwas glaube und wenn ich will, dass es funktioniert, dann blende ich die negativen Seiten erst einmal komplett aus. Man kann das natürlich naiv nennen. Aber ich bin meistens gut damit gefahren, mich ganz auf ein Ziel zu fokussieren und all meine Energie darauf zu verwenden, es auch zu erreichen. Klar, Rückschläge gehören dazu, Tränen und Wut auch. Von der vielen Arbeit ganz zu schweigen. Aber ich versuche mich aus einem Tief immer selbst rauszuholen. Ich habe gelernt, mir den nötigen Raum für schlechte Gefühle zu geben, dann aber bewusst den Schnitt zu machen und zu sagen: So, und morgen geht es weiter, dann wird nicht mehr rumgeheult, dann will ich, dass es wieder schön ist.

Mittlerweile habe ich es geschafft, meine doch sehr ausgeprägte Emotionalität als Stärke zu sehen. Auch wenn es immer noch Momente gibt, in denen die Stärke zu einer Schwäche wird, etwa wenn ich meine Emotionen nicht unter Kontrolle habe. So ist das mit Gefühlen, die entwickeln manchmal ein Eigenleben. Aber das bin eben ich. Das gehört zu mir. Vor allem in der Businesswelt wird einem Emotionalität sehr oft abtrainiert. Je höher die Position, desto weniger Gefühle. Aber ich will, dass die wieder sichtbarer werden. Ich will vor allem jungen Frauen zeigen, dass man nicht eiskalt sein muss. Man muss sich nicht anpassen oder gar so tun, als wäre man ein Mann. Leider wird oft aber gerade das von Frauen erwartet.

// *Was hat dich dazu bewogen, als Wertebotschafterin bei* German Dream *mitzumachen?*

\\ Zunächst einmal gefällt es mir sehr, dass das Wort »Dream« im Titel eurer Initiative auftaucht. Wenn man aufhört zu träumen, dann hört man ein Stück weit auch auf zu leben. Ich finde es ganz wichtig, dass man immer weiterträumt und sich darin auch nicht beirren lässt. Wenn man an seine Träume glaubt und sich Unterstützerinnen und Unterstützer sucht, dann können manche Träume nämlich wahr

werden. Wir leben in einer Gesellschaft, die uns unglaub-
liche Möglichkeiten bietet. Noch nie in der Geschichte der
Menschheit ist es uns besser gegangen als jetzt, das sollten
wir uns stets vor Augen führen. Eigentlich ist das schon ein
riesiger Traum, der in Erfüllung gegangen ist. Es lohnt sich,
groß zu träumen, das sollte man gerade Jugendlichen immer
wieder sagen.

Für mich ist es aufgrund meiner Biografie besonders schön,
wieder mit jungen Leuten in Kontakt zu kommen. Es tut
mir auch gut, gelegentlich mal in einem Umfeld zu sein, in
dem man nicht über seinen Job oder seine Branche definiert
wird. Man kann nicht mit irgendwelchen Fachbegriffen um
sich schmeißen und sich dann hinter ihnen verstecken. Die
Schülerinnen und Schüler sind streng. Sie lassen es einem
nicht durchgehen, wenn man ausweicht, sie fragen direkt
nach. Es kam mir so vor, als hätte ich beim Betreten des
Klassenzimmers meine übliche Rolle hinter mir gelassen und
wäre dann einfach nur ich selbst gewesen.

// *Was ist dir von diesem Tag besonders in Erinnerung geblieben?*

\\ Dass die neunzig Minuten so intensiv waren und
sich die Jugendlichen wirklich geöffnet haben. Ich glaube,
ich hätte mich das damals, als ich in dem Alter war, nicht
getraut. Besonders bei der Diskussion um das Thema »deutsche Identität« hatte ich das Gefühl, dass bei jedem in der
Klasse ganz viel in Bewegung gekommen ist. Alle haben ihre
Erfahrungen miteinander geteilt, und wurde zu Beginn das
»Deutschsein« noch eher negativ bewertet, stand am Schluss
die Erkenntnis: Vielleicht kann »deutsch« ja Sauerkraut *und*
Döner sein. Vielleicht geht ja beides.

// Ein Schüler hat zu dir gesagt: »*Ich bin kein Deutscher, ich bin Afrikaner und hänge auch lieber mit Afrikanern ab.*« *Und du hast geantwortet:* »*Ja, aber auch das ist Deutschland.*«

\\ Es wird ja oft von den Parallelgesellschaften in Deutschland gesprochen. Die existieren sicher auch. In jeder Gesellschaft gibt es schließlich Untergruppierungen. Aber sie alle zusammen ergeben Deutschland. Der Junge und seine afrikanischen Freunde – auch sie sind Deutschland. Dass sie hier zusammen sein können, sprechen, abhängen, was auch immer, auch das zeichnet dieses Land aus. Denn das kann man eben an ganz vielen anderen Orten dieser Welt nicht. Diese Vielfalt der Menschen, der Einflüsse und der Chancen ist großartig, und das könnte man ruhig einmal etwas häufiger wertschätzen. Ich weiß noch, dass früher Zurückhaltung als typisch deutsche Eigenschaft gegolten hat. Ich bin froh, dass sich das inzwischen geändert hat. Man spricht mehr und anders über die Dinge, man wird lauter und emotionaler und schlägt auch mehr Brücken zu anderen Menschen. Es geht nicht mehr so sehr darum, was jeder Einzelne macht, sondern darum, was wir alle gemeinsam tun können.

// Ist man der Heimat etwas schuldig? Verpflichtet sie zu etwas?

\\ Ich glaube nicht, dass man ihr etwas schuldig ist. Aber sie verpflichtet einen zu etwas. Sehr viele, die hier leben, haben nichts zu ihrem Deutschsein beigetragen, auch ich nicht. Ich hatte nur das große Glück, dass irgendjemand entschieden hat: Dieses Kind kommt in Deutschland zur Welt. Und ich glaube, das verpflichtet. Zumindest dazu, dass wir uns unsere Privilegien immer mal wieder klarmachen: Wir können unsere Meinung offen äußern, wir haben Reisefreiheit, wir leben in Frieden. Ein Bewusstsein für diese Privilegien zu entwickeln ist schon wichtig, denn jedes Privileg enthält auch die Verantwortung, sich dafür einzusetzen, dass möglichst viele andere Menschen es ebenso erhalten.

// In der Klasse wurde zudem über Religion gesprochen. Ein Schüler hat dich nach deinem Glauben gefragt, und du hast geantwortet: »*Ich glaube an gar nichts.*« *Da ging ein Raunen durch das Klassenzimmer.*

\\ Ich bin eigentlich in einer relativ katholischen Familie aufgewachsen und war sogar eine Zeit lang auf einer Klosterschule. Aber ich habe recht schnell gemerkt, dass Religion und vor allem die Kirche nichts ist, was mich wirklich widerspiegelt. Durch die Menschen, die neu zu uns kommen, scheinen insgesamt aber Glaubensfragen in Deutschland wieder eine größere Rolle zu spielen. Auch das gehört für mich zu der Vielfalt dazu, von der ich vorhin gesprochen habe. Wir sollten nur immer darauf achten, dass wir uns weniger auf das konzentrieren, was die einzelnen Religionen voneinander unterscheidet, sondern eher auf das, was sie verbindet. Das sind gemeinsame, universelle Werte. An diese Werte glaube ich.

// Ich würde zum Abschluss gern noch etwas über die Arbeitswelt reden. Etwa darüber, dass Frauen in Technikberufen noch immer unterrepräsentiert sind.

\\ Auch ich fand Technik nicht von klein auf toll. Bis ich fünfundzwanzig war, musste ich meine Schwester anrufen, wenn mein Computer nicht so wollte wie ich. Es dauerte lange, bis ich erkannte, welch große Chancen einem dieser Bereich bietet. Sie gilt es zu nutzen, gerade und vor allem auch für Frauen. Wir Frauen haben die Verantwortung, diesen Bereich, der unsere Zukunft maßgeblich prägen wird, mitzugestalten. Sonst sind es wieder nur die Männer, die darüber entscheiden, wie Technologie künftig funktionieren wird. Oft genug dazu noch weiße und nicht mehr allzu junge Männer.

// Mir fällt ein Beispiel zum Thema »künstliche Intelligenz« ein, das mir Janina Kugel kürzlich erzählt hat. Es ging um einen Seifenspender, der nur die weiße Hand erkennt, die daruntergehalten wird. Die schwarze Hand erkennt er nicht.

\\ Diese Art struktureller Benachteiligung findet sich ganz oft, auch im Digital-Health-Bereich, wo achtzig Prozent aller Studien nur mit Männern durchgeführt werden. Wohlgemerkt, es geht um unsere Gesundheit, um die Behandlung von schweren Krankheiten! Da können die neuen digitalen Tools noch so toll sein – wenn an den meisten Studien nur Männer teilnehmen, ist für die Wirksamkeit dieser Tools für Frauen noch überhaupt nichts bewiesen.

// Wie wichtig ist soziale Intelligenz in den Technikberufen?

\\ Soziale Intelligenz ist in allen Bereichen wichtig. Aber im digitalen und im Tech-Bereich gewinnt sie gerade noch einmal enorm an Bedeutung. Das wird in den nächsten Jahren noch zunehmen. Weil wir eben mit künstlichen Intelligenzen, mit Robotern arbeiten, die bald schon ganz viele der Aufgaben übernehmen können, die wir aktuell noch selbst ausführen. Bei der Entwicklung künstlicher Intelligenzen wird es ganz entscheidend auf die typisch menschlichen, also sozialen Fähigkeiten ankommen, um zu einer Balance zwischen Mensch und Technik zu finden. Es ist faszinierend zu sehen, welche Renaissance diese alten Skills genau deshalb gegenwärtig erleben. Die Unternehmen legen immensen Wert darauf, sie bei ihren Mitarbeiterinnen und Mitarbeitern entsprechend zu fördern.

// *Wie müssen die Schulen auf die Digitalisierung reagieren? Wie kann oder auch wie muss sich Bildung verändern, um junge Menschen fit für die Zukunft zu machen?*

\\ Man könnte jetzt natürlich ewig darüber reden, was sich alles verändern muss, etwa die Ausstattung der Schulen. Aber wir sollten dabei auch nicht vergessen, dass wir, verglichen mit vielen anderen Ländern, über ein sehr, sehr gutes Bildungssystem verfügen. Man kann leicht sagen: Der Staat sollte sich mal was einfallen lassen. Dabei kann jeder von uns Verantwortung übernehmen. Zum Bildungssystem gehören auch private Initiativen. Wie zum Beispiel *German Dream*. Oder die Digitalwerkstätten. Oder der große Bereich der Erwachsenenbildung. Man kann und darf die Verantwortung nicht immer nur auf andere abwälzen.

// *Wie kann sich der* German Dream *auch für Zuwanderer erfüllen? Oder für Geflüchtete, die dauerhaft in Deutschland bleiben? Was können wir von ihnen verlangen? Was sollten sie nach Möglichkeit mitbringen?*

\\ Das lässt sich nur schwer so pauschal beantworten. Die Zuwanderer oder die Geflüchteten bilden ja keine homogene Gruppe. Es gibt große Unterschiede zwischen ihnen. Darin liegt eine große Chance, das stellt uns aber auch vor große Herausforderungen. Ich denke, man sollte die Menschen erst einmal ankommen lassen und sie nicht gleich mit bestimmten Erwartungen überfordern. Man sollte erst einmal ihre persönliche Geschichte anerkennen, die womöglich auch schlimme, traumatische Erfahrungen umfasst. Woher kommt dieser Mensch? Was hat er erlebt? Wie können wir ihm von Beginn an vermitteln, dass er Teil unserer Gesellschaft ist? Und dann kann man ihm die Chancen aufzeigen, die das Land bietet, und die Werte, nach denen wir unser Leben führen. Vielleicht sind das andere Werte als die, mit denen er in seinem Herkunftsland aufgewachsen ist, ich denke da etwa an die Gleichberechtigung von Mann und Frau. Die ganze Gesellschaft ist gefordert, für diese Werte einzutreten, wenn jemand sich weigert, sie anzuerkennen. Besonders aber den Frauen müssen wir zur Seite stehen, wenn sie auf Widerstand stoßen beim Entfalten ihres Potenzials.

Wie es ist, Deutschland in eine kurdisch-jesidische Familie zu bringen

Ein einziger langer Sommer

»›Heimat‹ hat in Deutschland nie einen realen Ort, sondern immer schon die Sehnsucht nach einem bestimmten Ideal beschrieben: einer homogenen, christlichen weißen Gesellschaft, in der Männer das Sagen haben, Frauen sich vor allem ums Kinderkriegen kümmern und andere Lebensrealitäten schlicht nicht vorkommen.« Das lese ich im Vorwort des von Fatma Aydemir und Hengameh Yaghoobifarah herausgegebenen Sammelbands *Eure Heimat ist unser Albtraum*. Ein wichtiges Buch, kein Zweifel. Weil Themen wie Arbeit, Liebe, Sprache und noch viele andere »Aspekte marginalisierter Lebensrealitäten in Deutschland« in klugen, zwischen Resignation, Polemik und Aufbruch schillernden Essays diskutiert werden. Gehöre ich zu diesen marginalisierten Lebensrealitäten?, frage ich mich. Ich habe einen Migrationshintergrund und bin zudem Teil einer über die Jahrhunderte stetig unterdrückten Religionsgemeinschaft. Also lautet die Antwort vermutlich: Ja. Aber ich bin auch Deutsche, und zwar mit Leib und Seele. Macht das meinen Begriff von Heimat für andere zum Albtraum? Das ist die Krux mit identitätspolitischen Zuschreibungen. Ist von »euer« und »unser« die Rede, bringt man jede Gemeinsamkeit zum Verschwinden. Man perpetuiert die Abgrenzung, gegen die man doch eigentlich aufbegehrt, anstatt nach dem zu suchen, was uns alle einen könnte. Ganz abgesehen davon, dass die oben zitierte Definition der Herausgeberinnen mich beinahe traurig macht in ihrer hart am Klischee vorbeischrammenden Verallgemeinerung. Ich kann sie beim besten Willen nicht teilen.

»Heimat«, der Begriff ist für mich positiv besetzt. Ja, ich kenne seinen ideologischen Missbrauch durch die Nationalsozialisten. Ich hatte auch so meine Probleme, als er unter Horst Seehofer plötzlich zu Ministeriums-Ehren gelangte. Dennoch: Man kann Begriffe zurückerobern, ohne ihre Geschichte zu vergessen. Bei einem wie »Heimat« gelingt zumindest mir das leicht.

Heimat ist für mich ganz vieles. Zunächst einmal ein Ort, an dem ich mich zu Hause fühle. Oder mehrere Orte. Hannover-Linden, wo ich geboren und aufgewachsen bin. Die Berge Kurdistans, die Heimat meiner Eltern. Gut, dass ich mich nie entscheiden muss. Müsste ich es und die Wahl treffen zwischen dem Gehen und dem Bleiben für immer, dann würde ich wohl das Bleiben wählen. Ohne Deutschland würde ich es auf Dauer kaum aushalten. Deswegen kämpfe ich auch so dafür, dieses Land als guten Ort zu bewahren, denn ich möchte mich weiterhin hier geborgen fühlen können.

Viele Menschen haben dazu beigetragen, mir Deutschland zu einer Heimat zu machen. Menschen, die mir etwas beigebracht haben, von denen ich lernen durfte, bei denen ich die Zeit vergessen konnte. Natürlich meine Familie, im Alltag wie im Urlaub. Ferien am Tegernsee – die kurdische Chaostruppe im Paradies. Meine Lehrer, Freunde und Weggefährten. Karl, der schon sehr alt ist und in einem Heim in Lemförde lebt. Mit ihm zu telefonieren ist, wie sich mit Gott persönlich zu unterhalten. Karl nimmt mich mit in die Vergangenheit und erklärt mir dadurch die Gegenwart. Er weiß die Antworten, die sonst keiner weiß.

Was noch? Heimat, das sind auch bestimmte Werte. Gemeinsame Ziele und Träume. Das Bedürfnis, mein Glück zu teilen. Und mich im Ausland »meinem« Deutschland ganz nah zu fühlen. Oft rückt erst der Blick aus der Ferne die Dinge an den Platz, an den sie wirklich gehören. Als ich 2014 Zeugin von IS-Barbarei und Völkermord wurde, wusste ich, dass ich die Freiheit, die ich in Deutschland von Geburt an genossen hatte, immer verteidigen würde gegen alle ihre Feinde.

Heimat hat viel mit der Kindheit zu tun. Riecht nach dem Chlorwasser im Freibad, nach den Kräutern im Küchengarten oder der Wäsche, die meine Mutter auf die Leine hängte. Auch mitten in Hannover-Linden gab es unsere kurdisch-jesidische Welt. Wir trafen uns auf einer Wiese, die bald nur noch die »Wiese der Tekkals« hieß. Wir besetzten sie regelrecht. Was mochten die vorübergehenden Leute gedacht haben, damals, als sie uns sahen, in bunten Kleidern, mit Kopftüchern, tätowiert, definitiv fremdländisch? Manche aber fassten sich ein Herz und fragten, ob sie sich dazusetzen durften. Ihnen war der Duft von gegrilltem Geflügel in die Nase gestiegen. Gegrillt wurde bei uns fast ohne Pause.

Ich beherrschte den Übergang von einer Welt in die andere

so mühelos wie das Einmaleins. Jeder Gang zum Kiosk, um ein Eis zu kaufen, war ein Ausbruch aus der kurdisch-jesidischen und ein Eintauchen in die deutsche Welt. Einmal begab sich die gesamte Kinder-Clique an den Glocksee, wo die Abstürzenden Brieftauben, eine Hannoveraner Punkband-Institution, für ihre Auftritte probten. Wir lehnten uns an ihre Motorräder und hörten zu. Leider kam einer (oder eine?) von uns auf die dumme Idee, etwas mitgehen zu lassen. Zwei Stunden später war Punk-Alarm auf der Wiese der Tekkals. Clash of Cultures. Und mein Onkel rief: »Was reden Sie da? Niemals würden unsere Kinder es wagen, auch nur ein einziges Ihrer Kabel zu klauen!«

In der Kindheitsheimat ist es warm, fast heiß. Ein einziger langer Sommer. Urlaub machen konnten wir nicht, dafür fehlte das Geld. Aber wenn endlich der letzte Schultag vorüber war, gab es den Ferienpass. Gültigkeit: sechs Wochen. Er enthielt sogar einen Gutschein für McDonald's! Und drei Fahrten konnte man mit ihm unternehmen, quer durch Niedersachsen. Wir trafen uns am Bahnhof und fuhren mit dem Zug nach Bremen. Ferienkinder mit drei Mark in der Tasche; Überlebenskünstler, die immer um alles kämpfen mussten und doch die Welt erkundeten. Das Glück war auf unserer Seite, nie ist etwas passiert. Abends kamen wir müde nach Hause, staubig, mit strahlenden Gesichtern. Man steckte uns in die Wanne, unsere Haare wurden gekämmt. Es gab etwas zu essen, und dann ab vor den Fernseher. Einen besseren Tag konnte es kaum geben.

Im Grunde lebe ich heute noch genauso improvisiert wie damals. Manchmal frage ich mich, ob es nicht langsam Zeit wird für ein etwas konventionelleres Leben. Mit einer Wohnung in einem anderen Bezirk, mit einem schicken Auto.

Auch Bekannte sagen hin und wieder:»Jemand wie du kann doch nicht…« Aber dann denke ich: Gerade so jemand wie ich, und ich nehme mir vor, mir das kleine Stück Getto, das ich noch in mir trage, so lange zu bewahren, wie es geht; Wanderin zwischen zwei Welten zu sein und dabei nicht aufzuhören, den *German Dream* zu träumen.

Ich kenne Leute, die sagen:»Ich schulde diesem Land gar nichts!« Einige von ihnen wären vielleicht gar nicht mehr am Leben, hätten sie die Flucht nach Deutschland nicht gewagt und hier Aufnahme und Solidarität gefunden. Dankbarkeit kann man nicht verordnen, Liebe erst recht nicht. Man muss sie schon fühlen. Aber man kann durchaus versuchen, etwas für das Empfangene zurückzugeben: Wertschätzung zum Beispiel. Oder, noch besser, Engagement für die Solidargemeinschaft, die einem geholfen hat. Ich finde schon, dass man ihr das schuldig ist.

Bildung – mein Ticket in die Freiheit

»Ich habe Deutschland in die Familie gebracht«, sage ich mir und meine damit all das, wofür ich auch heute in meiner Arbeit eintrete: Freiheit, persönliche Entfaltung, Gleichberechtigung.»Düzen bringt Deutschland in die Familie!«, riefen meine Eltern früher und meinten damit etwas völlig anderes, nämlich Rebellion, Emanzipation, Individualität. Mein Vater kam damit noch einigermaßen zurecht, aber für meine Mutter war es ein bisschen viel Deutschland. Ein bisschen *zu* viel Deutschland.

Mich als jesidische Jugendliche für Deutschland zu entscheiden hieß nicht weniger, als die bestehende Ordnung in meiner Familie zu zerstören. Nicht weil mir das Spaß gemacht hätte und ich mir in der Rolle der Revoluzzerin gefiel, sondern weil ich nicht anders konnte. Ich habe gegen Unfreiheit aufbegehrt und alle Entscheidungen hinterfragt, die Kultur und Religion über Freiheit und Gleichberechtigung stellten. Ich drehte jeden Stein um. Das sorgte für Ärger. Schnell galt ich als das schwarze Schaf in der Familie. Mein Erwachsenwerden war ein Prozess voller Schmerzen und Angst. Aber ich ertrug sie. Ich hatte mir geschworen, mich nie von jemandem oder von etwas abhängig zu machen. Diese Kraft war einfach eines Tages da und verschwand nicht mehr. Ein Selbstbewusstsein, das nicht so leicht zu erschüttern ist, selbst wenn die Angriffe von allen Seiten kommen. Heute versuche ich den Schülerinnen und Schülern zu vermitteln, wie hilfreich es sein kann, einen Lebenskern zu haben, an dem man sich orientieren kann.

In meiner Jugend träumte ich von Freiheit, Unabhängigkeit und Relevanz. Ich wollte mit Menschen, die ein ähnliches Ziel verfolgten, etwas bewegen. Schnell merkte ich, welch wichtige Rolle Bildung dabei spielte. Bildung war mein Ticket in die Freiheit. Ich habe es geliebt, in die Schule zu gehen. Ich fand es toll, zu lernen und daran zu wachsen. Was für ein Gefühl, als die Lehrerin in der Grundschule zu mir sagte: »Stell dir mal vor, wie schön das wäre – ein kurdisches Mädchen auf dem Gymnasium!«

Viel nach draußen durfte ich nicht, aber es gab das Fernsehen, das mir Fenster in eine zwar ferne, aber doch mögliche Zukunft öffnete. Alfred Bioleks Talkshow »Boulevard Bio« war für mich wie ein Volkshochschulkurs in Sachen Emanzipation. Die Frauen, die dort über ihr Leben redeten, hatten es mir angetan. Wie stark sie waren! Was sie alles schon geschafft hatten! Ich wollte es ihnen nachmachen. Irgend-wann wollte ich auch in so einer Talkshow sitzen und von meinem Leben und meinem Beruf erzählen. So wie Hanne-lore Elsner oder die junge Angela Merkel. Manchmal haderte ich mit dem Schicksal. Warum waren meine Eltern nur meine Eltern und nicht Journalisten oder Intendanten? Dann wäre alles viel leichter. Meine Freunde suchte ich mir deshalb immer auch ein wenig nach ihrem Elternhaus aus. Wenn ich bei ihnen übernachtete und sie sich schlafen legten, blieb ich noch auf und unterhielt mich mit ihren Eltern. Vielleicht konnte ich von ihnen ja etwas erfahren, was ich noch nicht wusste. Was mir zu Hause fehlte, holte ich mir woanders.

Mit der Bildung konnte ich meine Eltern ein Stück weit erpressen: »Ihr wolltet doch immer, dass etwas aus mir wird! Und jetzt wollt ihr mich nicht zum Studium in eine andere Stadt ziehen lassen?« Bildung war die Währung, die ich ein-setzen konnte, um mich freizukaufen. Ihre Kraft und ihr Zauber haben mich gerettet. Dass ich nun, viele Jahre später, mit *German Dream* eine Bildungsinitiative gegründet habe, ist die logische Konsequenz aus meinem gesamten Lebens-weg.

Mit dem Abitur in der Tasche fühlte ich mich wie die Königin von Deutschland. Endlich war ich frei und konnte die orientalisch-patriarchalischen Strukturen, in denen ich aufgewachsen war, hinter mir lassen. Unabhängigkeit ist durch nichts zu ersetzen. Als wir die Mitarbeiterinnen in unserem »Back to Life«-Center im Irak einstellten und sie ihren Namen unter die Verträge setzten, bekam ich eine Gän-sehaut. Ich wusste, dass diese Frauen damit für eine funda-mentale Veränderung in ihrem Familiengefüge sorgen würden. Von nun an verdienten sie ihr eigenes Geld. Mit ihrem Mut und ihrer Entschlusskraft konnten sie nicht nur ihren Töchtern zu einem Vorbild in Sachen Emanzipation werden.

Der lange Weg zurück nach Hause

Der Standardsatz meiner Mutter, wenn es um das Thema Gleichberechtigung ging, lautete:»Ein Mann ist ein Mann, und eine Frau ist eine Frau.« So hatte sie es gelernt, und mehr hatte sie dazu nicht zu sagen. Manchmal zog ich sie, nur halb im Spaß, damit auf:»Das ist ja schön, dass du das sagst, Mama. Aber wer hat eigentlich bei uns zu Hause die Hosen an?«

»Dumme Frage, ich natürlich!«

»Ach, das ist ja interessant…«

Ich weiß, was sich meine Mutter für mein Leben erhofft hat. Nichts anderes als das, was so viele jesidische Mütter für ihre Töchter vorgesehen hatten. Ich sollte heiraten, natürlich einen Jesiden, dann sollte ich Kinder bekommen, eine gute Ehefrau und Mutter sein und dabei immer die brave, durchaus gebildete Tochter bleiben, die es versteht zu kochen, zu backen und die vielköpfige Verwandtschaft zu unterhalten.

Ich konnte ihr den Wunsch nicht erfüllen. Dazu hatte ich einfach zu viele jesidische Kulturdramen miterlebt. Ich habe die traurigen Bräute gesehen, am Tag ihrer von den Eltern arrangierten und mit Zwang durchgesetzten Hochzeit. Jedes Mädchen möchte von Mama und Papa geliebt werden. Weil sie das Gefühl hatten, keine andere Wahl zu haben, ließen es diese jungen Frauen zu, dass über sie bestimmt wurde. So oft habe ich darüber geweint, aus Ohnmacht, aus Wut. Ich schwor mir, selbst niemals in eine solche Falle zu tappen. So würde ich nicht enden. Dass ich bis heute nicht verheiratet bin, hat ganz sicher viel mit diesen fast traumatisch zu nennenden Erfahrungen zu tun. Mein Kampf für Frauenrechte und Emanzipation erst recht.

Ich begehrte auf und wurde dadurch zur Außenseiterin. Ich rannte gegen Mauern, immer wieder. Die kollektivistischen jesidischen Strukturen funktionierten. Enormer Druck wurde ausgeübt, auf mich ebenso wie auf meine Eltern, die ihn ungefiltert an mich weitergaben: »Was sollen nur die Leute von uns denken? Die Verwandtschaft zieht sich schon zurück! Immer fragen sie: Warum ist sie noch nicht verheiratet? Warum hat sie noch keine Kinder? Warum wohnt sie alleine und reist in der Weltgeschichte herum? Bald redet niemand mehr mit uns, wir vereinsamen noch deinetwegen! Wie kannst du uns das nur antun?«

Es war der schwierigste Kampf meines Lebens. Er folgte uralten Mustern. Von derartigen Konflikten zwischen Individuum und Kollektiv, Freiheit und Familie, Erneuerung und Tradition handelten schon die griechischen Tragödien. Und das hier war definitiv der Stoff für eine Tragödie. Was kann es schließlich Strengeres geben als eine archaische Religion mit einer endogamischen Heiratsregel?

Die Jesiden werden verfolgt, seit es sie gibt, und ich verstehe daher durchaus den historischen Sinn der Regel, nur innerhalb der Gemeinschaft heiraten zu dürfen. Ohne absoluten und unbedingten Zusammenhalt wäre das Jesidentum längst ausgestorben. Ohne nie erlahmende Vorsicht und stetes Misstrauen gegen alle Menschen außerhalb der Gemeinschaft ebenso. Oft wurden und werden Konflikte lieber beschwiegen als ausgetragen, aus Angst, Aufsehen zu erregen und ins Fadenkreuz zu geraten.

Aber die Gefahr des Aussterbens besteht dennoch weiterhin. Heute geht sie nicht mehr nur von äußeren Feinden aus, sondern resultiert auch aus innerjesidischen Faktoren. Jan Kizilhan, Leiter des Instituts für transkulturelle Gesundheitsforschung in Baden-Württemberg, unterscheidet in diesem Zusammenhang drei Arten von Völkermord. Es gibt den roten Völkermord, das ist die blutige Auseinandersetzung, der brutale Übergriff, wie ihn die Jesiden zuletzt durch den IS erleiden mussten. Dann gibt es den weißen Völkermord, das ist die mit Unterdrückung einhergehende Vertreibung aus den angestammten jesidischen Gebieten etwa in der Türkei. Und dann ist da noch der selbstverursachte Völkermord, der unaufhörlich voranschreitet, wenn wir Jesiden – weltweit gibt es gerade mal noch eine Million – nicht in der Lage sind, uns aus uns selbst heraus zu erneuern. Wollen wir das ändern, müssen endlich auch die unangenehmen Fragen gestellt und an Traditionen gerüttelt werden, vor allem an der Endogamie. Sonst ist das Verschwinden des Jesidentums vorprogrammiert. Es liegt auf der Hand, dass auch die jesidische Frage eng mit der Frauenfrage verbunden ist. Ohne Emanzipation wird es nicht gehen. Um etwas bewirken zu können, muss man immer zuerst die bestehenden Strukturen hinterfragen, nicht zuletzt die eigenen.

Ganz kurz vor dem Bruch mit meinen Eltern stand ich, als ich von zu Hause auszog. Unverheiratet! Um alleine zu leben! Für meine Eltern brach eine Welt zusammen. Ich war neunzehn und wollte einfach nur studieren. Unter Tränen packte ich meine Sachen und verließ die Stadt. Meine neue Bleibe war gerade einmal fünfzehn Kilometer von meinem Elternhaus entfernt. Aber dazwischen lag eine ganze Welt.

Als ich ging, ließ ich die zerstörerischen Anteile meines

Erbes – Aufopferung und Selbstkasteiung für die Gemeinschaft – für immer zurück. Ab und zu erwische ich mich noch bei einem schlechten Gewissen und frage mich: Was hast du deiner Familie nur angetan? Wir alle hätten es einfacher haben können, wenn ich mich ins Vorherbestimmte gefügt hätte. Es nicht zu tun führte aber letztlich zu einem besseren Leben, und da denke ich nicht nur an mich, sondern auch an meine Geschwister und meine Eltern.

So oft arbeite ich mit Frauen zusammen, die keinen Kontakt mehr zu ihren Eltern haben. Sie sagen mir:»Ich habe drei wunderbare Kinder zur Welt gebracht, doch meine Eltern werden diese Kinder niemals sehen. Sie haben mich verstoßen, weil ich mich für einen deutschen Mann entschieden habe. Das macht mich unendlich traurig, denn ich bin stolz auf meine Kinder, und ich weiß, dass meine Eltern sie lieben würden.«

In meiner Familie ist es anders gekommen. Ich hatte Glück. Meine Eltern haben irgendwann realisiert, dass die, auf deren Meinung sie so großen Wert legten, nicht immer nur ihr Bestes wollten. Ein lebensverändernder Moment. Auch meine Eltern mussten sich emanzipieren. Dann entschieden sie sich für uns, ihre Kinder. Am Ende schraubte mein Vater mit Hingabe die Möbel in meiner neuen Wohnung zusammen. Meine Eltern und ich hatten uns nicht verloren. Im Gegenteil, wir waren uns fortan näher als je zuvor. Mein Vater begleitete mich 2014 auf die Reise in den Irak. Im Film *Háwar – Meine Reise in den Genozid* kann man sehen, wie wir zusammen das Grab meiner Großmutter besuchen, und mein Vater sagt:»Mutter, ich habe deine Enkelin mitgebracht. Sie dreht jetzt Filme.« Und ich hörte den Stolz in seiner Stimme.

Das war das Paradox, das sich schließlich doch noch lösen ließ. Um auf das Leid der Jesiden und den Völkermord durch den IS aufmerksam machen zu können, musste ich mich erst aus dem Kollektiv befreien. Erst dann konnte ich dabei mithelfen, die jesidische Religion und Kultur im Gedächtnis der Menschen zu halten. Meine Arbeit als Filmemacherin und Menschenrechtsaktivistin hat mich wieder dahin zurückgebracht, von wo ich einmal losgelaufen war. Ich konnte heimkehren, doch als eine andere, Stärkere.

Meine Kraft, aber auch die meiner Geschwister, ist das Ergebnis der Kämpfe, die wir ausfechten mussten. Wir haben gelernt, selbstbewusst in zwei Welten zu leben und die Wunden, die wir uns entlang unseres Weges zugezogen haben, selbst zu heilen. Unsere Verwundbarkeit ist unsere Unverwundbarkeit. Manchmal denke ich: Wenn wir es geschafft haben, als kurdisch-deutsche Jesidinnen unsere Freiheit und unsere Familie in Einklang zu bringen, dann können wir in diesem Leben alles schaffen. Zumindest werden wir es versuchen.

»Im Grunde mache ich Sozialarbeit« – Gespräch mit Tugba Tekkal, Initiatorin des Projekts *Scoring Girls*

Was war ich stolz, als meine Schwester Tugba im November 2019 das Goldene Band erhielt. Die älteste Auszeichnung im deutschen Sport würdigt soziales Engagement, verliehen wird sie an Menschen, die sich mit den Mitteln des Sports für ihre Mitmenschen einsetzen. So wie Tugba. Sie war als Profifußballerin beim 1. FC Köln aktiv und hat anschließend das Projekt *Scoring Girls* ins Leben gerufen, das sich an sozial benachteiligte Mädchen wendet.

// **Düzen Tekkal:** *Du hast einmal gesagt:* »*Meine Fußball-schuhe haben mir die Freiheit gebracht.*« *Der Satz klingt ja erst mal erstaunlich in seiner Wucht. Für die meisten dürfte Fuß-ball ein Hobby sein, eine Leidenschaft, für andere ist er auch ein Beruf. Aber nur selten wird dem Fußball eine so existenzielle Bedeutung zugeschrieben. Kannst du erklären, wie du den Satz gemeint hast?*

\\ **Tugba Tekkal:** In einer Familie wie der unseren ist es nicht die Regel, dass ein Mädchen Fußball spielt. Und das ist noch schwach formuliert. Du weißt, was für Kämpfe es waren, bis unsere Eltern es mir erlaubt haben, in einem Verein zu spielen. Dieser Moment war für mich wie das Erwachen in ein neues, selbstbestimmteres Leben. Bis dahin hatte ich das Gefühl gehabt, nirgends so wirklich dazuzugehören. Mein Leben schien mir ohne Perspektive, ich war gefangen in Lethargie und machte alle anderen, nur nicht mich selbst dafür verantwortlich. Ich fühlte mich als Opfer. Das hat sich komplett gedreht, als ich begonnen habe, Fußball zu spielen. Nur durch den Fußball konnte ich die werden, die ich heute bin.

// *Wenn ich zurückdenke, dann sehe ich die kleine Tugba, wie sie vor dem Fernseher sitzt. Du konntest dich beim Schauen regelrecht verlieren und warst dann auch gar nicht mehr so richtig ansprechbar.*

\\ Das stimmt. Ich wollte einfach nur in Ruhe gelassen werden und mit dem Rest der Welt nicht viel zu tun haben.

// *Was hast du damals über uns alle gedacht?*

\\ Ihr wart mir immer zu viele, und ihr wart mir zu laut. Mit zehn Geschwistern hat man keine Privatsphäre. Die einzige Möglichkeit, die mir blieb, um wirklich bei mir sein zu können, war stundenlanges Fernsehen.

// *Ich habe dich damals wie einen Geist erlebt.*

\\ Ihr könnt euch ja auch alle nicht mehr richtig an meine Kindheit erinnern. Das hat ganz viel damit zu tun, dass ich eben sehr ruhig und eher für mich war. Ich ließ lieber euch erzählen, weil es mir so vorkam, als würdet ihr auch viel mehr erleben als ich. In der Schule gehörte ich zwar eher zu den Frechen, Vorlauten, aber daheim hielt ich mich stark zurück.

// *Ich war auch nicht immer laut und rebellisch.*

\\ Das stimmt. Ich kann mich noch an die brave Düzen erinnern, die den ganzen Tag mit der Schürze in der Küche steht und für die ganze Familie kocht. Aber irgendwann war es damit vorbei. Du wolltest andere Dinge für dich. Und das hat uns als Geschwister schon ziemlich beeindruckt. Du wurdest das starke Mädchen, die starke Schwester, zu der wir aufschauten und die unsere Beschützerin war. Wenn wir mal zu spät nach Hause kamen und es Ärger geben sollte, hast du dich vor uns gestellt, weil du nicht wolltest, dass wir die Ansage abbekamen. Letztlich hast du dich ja auch gegen das Elternhaus aufgelehnt. Ich glaube, ich hätte diese mentale Stärke nicht aufgebracht. Das war schon heftig.

Mit neunzehn hast du gesagt:»Ich ziehe jetzt aus, ich will studieren!« Es gab Streit ohne Ende. Manchmal dachte ich: Mensch, Düzen, halt doch mal die Füße still! Warum hörst du denn nicht endlich auf? Warum argumentierst du denn immer noch weiter? Das bringt doch nichts! Aber wenn du Ungerechtigkeit gespürt hast, konntest du nie den Mund halten. Dir war es immer ganz wichtig zu sagen, was du gerade fühlst, und auch, was du willst für dich und dein Leben. Du wolltest eben nicht über dich bestimmen lassen, sondern selbst bestimmen, und das hat für reichlich Unruhe in der Familie gesorgt. Aber so hast du uns anderen auch den Mut gegeben, unsere eigenen Entscheidungen zu treffen. Dafür bin ich dir heute noch dankbar.

// Denkst du an das Gespräch, als es um deinen ersten Profivertrag ging?

\\ Zum Beispiel, ja. Ich hatte die Möglichkeit, zum Hamburger SV zu gehen und mir damit meinen größten Traum zu erfüllen. Ich konnte Profi werden. Aber Mama und Papa sagten nein, und das nahm ich hin. Ich hätte mich nicht getraut, da noch mal aktiv zu werden. Doch du wolltest das nicht so stehenlassen. Du hast gesagt:»Das ist doch deine Leidenschaft! So eine Chance kommt vielleicht nie wieder!« Dann hast du mit Mama und Papa gesprochen und konntest sie schließlich davon überzeugen, mir ihr Einverständnis zu geben. Heute, so viele Jahre später, sind sie bei ganz vielen unserer öffentlichen Veranstaltungen dabei und sind stolz auf uns. Das heißt, all die Dinge, für die wir gekämpft haben, oft gegen ihren erbitterten Widerstand, haben am Ende auch ihr Leben bereichert. Das ist das Schönste: dass sie nicht bestraft worden sind dafür, sich geöffnet zu haben.

// Was ich hauptsächlich aus dieser Zeit mitgenommen habe, ist die Gewissheit, dass es Freiheit nicht umsonst gibt, dass der Weg zur Freiheit mit Schmerzen verbunden sein kann. Ich glaube, das lässt uns auch die Situation vieler junger Mädchen, die diesen Weg noch vor sich haben, so gut verstehen. Wir wissen genau, wie es sich anfühlt, mit einem unfassbar schlechten Gewissen zwischen allen Stühlen zu sitzen.

\\ Dann ist es wichtig, dass es Menschen gibt, die an einen glauben und die einen in dem bestärken, was man tut. Ich hatte das Glück, solche Menschen um mich zu haben. So jemanden wie den Jugendtrainer, der mir damals zugetraut hat, Käpt'n der Mannschaft zu werden. Auf einmal trug ich Verantwortung, denn die anderen Spielerinnen, vor allem die jüngeren, orientierten sich von da an nicht nur an meiner Leistung, sondern auch an meinem sonstigen Verhalten auf dem Platz. Das hat meinem Selbstwertgefühl einen enormen Schub gegeben. Insgesamt hat der Fußball dafür gesorgt, dass ich ganz andere Perspektiven für mich gesehen habe. Nicht nur im Verein. Ich wurde sogar Schulsprecherin.

// *Lass uns über die* Scoring Girls *reden. Wie kamst du auf dieses Projekt?*

\\ Als wir 2015 nach deiner Rückkehr aus dem Irak unseren Verein *HÁWAR.help* gegründet haben, war für mich schnell klar, dass ich dazu auch meinen ganz persönlichen Beitrag leisten wollte. Was hatte mir dabei geholfen, in dieser Gesellschaft anzukommen? Der Fußball! Also entwickelte ich die Idee der *Scoring Girls*: ein Projekt, das sich an alle Mädchen richtet, die gerne Fußball spielen möchten. Sie müssen noch nicht einmal besonders talentiert sein, sondern einfach Freude daran haben, in einem Team zu sein und mit anderen zusammen ein gemeinsames Ziel zu erreichen. Ich wollte Mädchen ansprechen, die es in ihrem Leben nicht so einfach haben, also Mädchen aus sozial benachteiligten Familien, ob sie nun eine Zuwanderungsgeschichte haben oder nicht. Aber auch geflüchtete Mädchen, die teilweise aus Kulturen kommen, in denen Frauenfußball undenkbar ist.

// *Wer hat dich unterstützt?*

\\ Vor allem mein Verein, der 1. FC Köln. Dazu die Stadt Köln, und da besonders das Sportamt. Es hat uns erlaubt, unsere Kick-off-Veranstaltung auf den Vorplätzen des Rhein-Energie-Stadions abzuhalten. Das war ein wunderschöner Tag. Über fünfzig Mädchen sind gekommen, dazu viele Eltern, Lehrer, Leute aus der Politik, ehrenamtliche Helfer. Heute trainieren wir auf den Plätzen des FC, wir bekommen Trikots zur Verfügung gestellt, und ab und zu dürfen wir auch bei der Profimannschaft zuschauen. Einige der Mädchen konnten sogar schon einmal an der Hand der FC-Spieler ins Stadion einlaufen. Da ist von Vereinsseite her viel möglich gemacht worden.

// *Bei dieser Kick-off-Veranstaltung gab es auch einen Suppentopf und ganz viele Süßigkeiten. Als das die Mädchen aus den Flüchtlingsunterkünften sahen, wollten sie erst einmal essen und dann erst aufs Spielfeld laufen. Gleich daneben standen die Nachwuchsmädels des FC mit ihren schicken Jacken und Taschen, alle waren sie wie aus dem Ei gepellt. Da prallten wirklich zwei Welten aufeinander.*

\\ Das war Absicht. Ich wollte den *Scoring Girls*-Mädchen zeigen: Wenn ihr euch genug anstrengt, könnt ihr irgendwann so sein wie diese Spielerinnen vom FC. Um keine Missverständnisse aufkommen zu lassen: Natürlich wurde erst trainiert. Erst danach gab's die Suppe. *(lacht)*

// *Wir wären früher aber auch erst zum Suppentopf gerannt!*

\\ Klar, wir waren auch so drauf. Alles, was umsonst ist, erst mal mitnehmen. *(lacht)*

// *Wie hast du die Mädchen gefunden?*

\\ Das war nicht so einfach. Ich bin ein Dreivierteljahr mit meinem Fahrrad von Unterkunft zu Unterkunft und von Jugendzentrum zu Jugendzentrum gefahren, um mein Projekt vorzustellen. Ich habe erst mit den Heimleitern gesprochen, dann mit den Eltern. Damals war ich ja noch als Profifußballerin aktiv. Vorsorglich hatte ich meine Autogrammkarten immer dabei. Man weiß ja, wie die Kölner ticken: Wer beim FC spielt, ist ein kleiner Star. Damit habe ich ein bisschen gespielt, als ich mein Projekt vorstellte. Der Anfang war dennoch schwer. Viele der Eltern in den Flüchtlingsunterkünften fanden es gar nicht toll, dass da plötzlich jemand um die Ecke kommt und die Töchter zum Fußballspielen animieren will. Nicht nur, weil Fußball für Mädchen in einigen der Herkunftsländer streng verboten ist. Es gab auch noch andere Bedenken, vor allem seitens der Mütter: Was ist, wenn meine Tochter durch die Teilnahme bei den *Scoring Girls* nach und nach ihre angestammte Sprache vergisst und irgendwann nur noch Deutsch spricht? Was ist, wenn beim Spielen das Jungfernhäutchen reißt? Auf diese Befürchtungen musste ich mich erst einmal intensiv einlassen.

// *Wie konntest du die Eltern überzeugen?*

\\ Indem ich ihnen meine eigene Geschichte erzählt habe, und zwar auf Kurdisch. So konnte ich zeigen, dass ich, obwohl ich in Deutschland geboren und aufgewachsen bin, die Sprache trotzdem noch beherrsche. Ich habe ihnen aber auch versucht klarzumachen, dass sie ihren Kindern Zugang zu Bildung, Initiativen und Vereinen ermöglichen müssen, wenn es mit der Integration klappen soll; dass das ganz, ganz wichtig für deren Entwicklung ist.

// *Welche Ziele verfolgst du mit den* Scoring Girls*?*

\\ Vor allem möchte ich, dass die Mädels selbstbewusster und stärker aus dem Projekt rausgehen, als sie reingegangen sind. So wie Silva, die vor drei Jahren über die Mittelmeer-Route nach Deutschland gekommen ist und die heute als Leistungsträgerin in einem Kölner Verein spielt. Sie hat es sich zum Ziel gesetzt, irgendwann für die deutsche National-mannschaft aufzulaufen. Parallel absolviert sie gerade einen DFB-Coach-Lehrgang, weil sie sich später als Trainerin auch einmal um junge Mädchen kümmern möchte. Silva lebt den *German Dream*. Sie ist nicht die Einzige. Neulich kam eines der anderen Mädchen zu mir und sagte:»Ich möchte jetzt doch keine Arzthelferin mehr sein.« Ich wunderte mich schon und fragte mich im Stillen:»Oh Gott, was will sie stattdessen?« Sie sagte:»Ich will jetzt studieren und Ärztin werden. Ich glaube, ich kann das schaffen.«

// *Wird so etwas innerhalb der Familien auch honoriert?*

\\ Definitiv. Die Eltern sind mächtig stolz auf ihre Töch-ter. Auch die, die am Anfang total gegen das Projekt waren, haben sich längst Fotos von den Mädchen beim Fußball ins Wohnzimmer gehängt.

// *Dein Engagement beschränkt sich aber nicht nur auf das Training.*

\\ Es hat sich mit der Zeit mehr und mehr ausgeweitet. Ich bin ständig mit den Eltern im Austausch und begleite sie beispielsweise bei Behördengängen. Ich gehe auch in die Schulen und spreche mit den Lehrern über die Entwicklung der Mädchen. Ich bin keine Sozialarbeiterin, aber im Grunde mache ich genau das: Sozialarbeit.

// *Ich weiß, dass es Phasen gab, in denen das Projekt auf der Kippe stand, weil einfach kein Geld da war. Was hat dich motiviert, trotzdem weiterzumachen?*

\\ Die Mädchen. Ich hätte es nicht übers Herz gebracht, mit den *Scoring Girls* aufzuhören, auch wenn es zwischendurch finanziell wirklich extrem eng wurde. Die Mädchen waren viel zu glücklich darüber, jeden Mittwoch auf dem Platz stehen und trainieren zu können. Es wäre nicht infrage gekommen, ihnen das wegzunehmen.

// *Und dann schaut eines Tages die Kanzlerin vorbei…*

\\ Angela Merkels Besuch war für die Mädchen etwas ganz Großartiges. Sie haben dadurch gesehen, dass ihr Projekt wirklich wertgeschätzt wird, dass sie Anerkennung bekommen für das, was sie tun. Zudem begegneten sie einem idealen Rollenvorbild: Eine Frau hat hierzulande das höchste Amt inne! Natürlich wussten sie schon vorher, dass es eine Bundeskanzlerin gibt, aber sie dann leibhaftig zu erleben ist doch noch mal was anderes. Ich rechne es Angela Merkel hoch an, dass sie sich die Zeit genommen hat, mit den Mädchen zu sprechen und sie nach ihren Wünschen und Sorgen zu fragen. Diese Begegnung hat bei den Familien ganz viel ausgelöst in Sachen Motivation und Selbstwertgefühl.

// Und wie war es für dich?

\\ Mir ging es ähnlich. Ich spürte eine große Wertschätzung unseres Engagements. Wir sind gesehen worden, und das fühlte sich gut an. Ähnlich war es, als wir Anne Will als Schirmherrin und Unterstützerin für die *Scoring Girls* gewinnen konnten. Für sie ist das, glaube ich, mittlerweile eine richtige Herzensangelegenheit geworden.

// Du engagierst dich auch als Wertebotschafterin bei German Dream.

\\ Es gibt kaum etwas Erfüllenderes, als mit jungen Menschen in ein wirkliches Gespräch zu kommen. Inzwischen habe ich ja schon mehrere Schulbesuche hinter mir. Jeder Wertedialog ist anders, weil immer andere Geschichten erzählt werden. Wichtig dabei ist die Haltung, die man den Schülerinnen und Schülern entgegenbringt. Sie wollen gehört werden, denn sie haben viel zu erzählen. Und wir wollen sie darin bestärken, ihren Weg zu gehen. Als ich mit dem ehemaligen kroatischen Nationalspieler Ivan Klasnić in seiner Heimatstadt Hamburg war, drehte sich das Gespräch natürlich anfangs fast nur um das Thema Fußball. Aber eigentlich ging es um viel mehr, nämlich um den Umgang mit Rückschlägen und Krisen. Ivan ist der erste Fußballer, der es geschafft hat, nach einer Nierentransplantation als Profifußballer zurückzukommen. Von so etwas kann ein Messi oder ein Cristiano Ronaldo nur träumen. Ivan erzählte den Jugendlichen, was ihm in der Zeit seiner Erkrankung geholfen hat, den Glauben an eine Rückkehr auf den Platz nicht zu verlieren. Er hat sich dabei sehr geöffnet. Ich glaube, dass im Erzählen solch persönlicher Geschichten eine große Kraft liegt, die andere Menschen inspirieren kann.

// *Was möchtest du den Schülerinnen und Schülern vermitteln?*

\\ Egal wie schwierig es gerade ist, egal wie sehr du gerade an dir zweifelst und egal wie finster die Welt gerade aussieht – hör nicht auf, an dich zu glauben. Steck den Kopf nicht in den Sand. Natürlich verliert man mal. Dann ist es auch vollkommen okay, traurig oder niedergeschlagen zu sein. Man darf auch innehalten, und man darf fluchen. Aber dann geht es weiter. Lass nicht zu, dass die schlechten Gefühle die Oberhand gewinnen und dich lähmen. Und vergiss auch nicht, dass man in bestimmten Situationen einfach die Zähne zusammenbeißen und für sich selbst einstehen muss. Niemand kann dich so motivieren, wie du es kannst. Für deine Ziele und Wünsche wird sich vielleicht niemand sonst ins Zeug legen. Du musst es schon selbst machen.

// *In einigen Interviews hast du bewusst vom »Migrationsvordergrund« gesprochen. Was hast du damit gemeint?*

\\ Für mich ist es tatsächlich etwas total Positives, dass ich sowohl Deutsche als auch Kurdin bin. Ich begreife das als einen großen Mehrwert und nehme mir aus beiden Kulturen das Beste heraus. Aus der kurdischen vor allem die

Gastfreundlichkeit, die ich in unserer großen Familie immer wieder erlebt habe. Dann, für andere Menschen einzustehen und immer für sie da zu sein. Und nicht zu vergessen unsere überschwänglichen Gefühle! Vielleicht lassen wir uns manchmal zu sehr von Emotionen leiten, aber mir würde etwas fehlen, wäre es nicht so.

// Und aus der deutschen?

\\ Vor allem Fleiß, Disziplin und Teamfähigkeit. Ohne diese Tugenden wäre ich im Fußball verloren gewesen. Aber vielleicht sollte man das alles gar nicht so fein säuberlich trennen. Gerade das Zusammenspiel mehrerer Kulturen lässt ja oft etwas Tolles entstehen. Wenn es nach unseren Eltern gegangen wäre, hätten wir nur die eine, die kurdisch-jesidische Seite kennengelernt. Dann wäre unser Leben vollkommen anders verlaufen. Du hättest nicht studiert, und ich wäre sicher nicht Fußballerin geworden. Aber am Ende sind sie unseren Weg doch mitgegangen und haben uns unterstützt. Das war nicht selbstverständlich, und ich bin ihnen sehr dankbar dafür. Sie ließen sich von der Wahl, die wir für unser Leben getroffen haben, überzeugen.

Leben auf der Asche eines Völkermords

Frieden muss verteidigt werden

Im Sommer 2019 begegneten sich meine deutsche und meine jesidische Welt auf höchster Ebene. Ich war eingeladen worden, die neue Verteidigungsministerin Annegret Kramp-Karrenbauer auf ihre erste Auslandsreise zu begleiten. Es sollte nach Jordanien und in den Irak gehen. Truppenbesuche standen auf dem Programm, aber nicht nur. Frau Kramp-Karrenbauer war es auch ein persönliches Anliegen, am letzten Tag der Reise mit jesidischen Frauen zu sprechen, die der IS-Gefangenschaft entkommen waren. So kam es, dass ich als Vertreterin von *HÁWAR.help* und damit einer Hilfsorganisation Teil der Delegation des Verteidigungsministeriums wurde.

Im Vorfeld hatte das durchaus zu einigen Diskussionen geführt. Aber mir erschien dieser Schritt ganz logisch. Eine moderne Verteidigungspolitik darf nicht in ihrer militärischen Echokammer verharren. Sie muss auch auf humanitäre Wege setzen, auf Entwicklungszusammenarbeit etwa oder auf Frauenförderung. Außerdem vergibt man sich als pazifistische Hilfsorganisation nichts, gelegentlich auch die Arbeit der Militärs wertzuschätzen. Fünf Jahre sind seit dem Völkermord an den Jesiden im Nordirak vergangen. Hätte Deutschland damals nicht die kurdische Zentralregierung, die sich dem IS entgegenstemmte, mit Waffenlieferungen unterstützt, wären noch mehr Jesiden getötet worden. Um es klar zu sagen: Ich befürworte nicht den Krieg, sondern den Frieden. Aber um den Frieden bewahren zu können, braucht es manchmal Wehrhaftigkeit. Sonst gewinnen am Ende die Falschen.

300 000 Jesiden leben auch heute noch als Binnenvertriebene in sogenannten IDP-Camps in der kurdischen Region. Sie fristen dort ihre Tage unter schwierigsten Bedingungen, ohne Zukunftsperspektive, ohne ausreichende medizinische und psychologische Hilfe und ohne Chance auf Gerechtigkeit. Viele von ihnen haben Traumatisches erlebt: die Ermordung von Familienangehörigen; Versklavung und massive sexuelle Gewalt; Verlust allen Besitzes und Vertreibung aus dem gewohnten Umfeld, der Sindschar-Region. Dort lebten vor dem Angriff durch den IS 600 000 Jesiden, aktuell sind es nur noch 60 000, und es sieht auch nicht so aus, als würden es in absehbarer Zeit wieder mehr werden. Ohne internationalen Schutz scheint für die vielen Binnenvertriebenen eine Rückkehr in die Heimatorte kaum denkbar. Mit Recht bezeichnet das Auswärtige Amt die derzeitige Sicherheitslage im angestammten und fast vollständig zerstörten jesidischen Gebiet als »prekär«. Dort hat die Angstkulisse weiterhin Bestand – Angst, wieder Opfer von Ausgrenzung und Gewalt zu werden. Die Morde, die in den letzten Monaten an zurückgekehrten Jesiden verübt wurden, zeigen, wie berechtigt diese Angst ist.

Umso unverständlicher erscheint daher eine Entscheidung des Niedersächsischen Oberverwaltungsgerichts. Es lehnte die Asylgesuche einer irakischen Jesidin und ihres Bruders mit der Begründung ab, ihnen drohe bei einer Rückkehr in die Heimatorte keine Gruppenverfolgung. Auch darüber unterhielt sich Annegret Kramp-Karrenbauer mit den jesidischen Frauen bei ihrem Zusammentreffen im nordirakischen Erbil. Eine von ihnen, Melika, die freiwillig zurückgekehrt war, dann aber vor der Gewalt kapitulieren musste, sprach aus, was auch auf den Gesichtern der anderen zu lesen war: »Wie soll das gehen, ein sicheres Leben in der Sindschar-Region?«

Später trat Kramp-Karrenbauer vor die Presse und nannte die Begegnung mit den Jesidinnen »sehr bewegend«. Für das Gespräch hatte sie kurzerhand das Protokoll über den Haufen geworfen und die eigentlich vorgesehene Zeit um ein Vielfaches überzogen. Man spürte, wie nahe ihr die Erzählungen der Frauen gingen. Eine, die nach vier Jahren mit Geld, das sich ihre Schwester geliehen hatte, freigekauft worden war, stellte sich Kramp-Karrenbauer gegenüber und sagte mit fester Stimme: »Ich spreche heute nicht zu Ihnen von Frau zu Ministerin, sondern von Frau zu Frau, wenn ich Ihnen erzähle, was mir widerfahren ist. Ich habe zwar überlebt, aber dennoch fühle ich mich noch immer wie in Gefangenschaft. Niemand tut etwas für uns. Warum schaut die ganze Welt nur zu?«

»Was können wir denn für Sie tun?«, fragte Kramp-Karrenbauer.

»Wir brauchen so viel. Wir brauchen Geld, Schutzräume für die Frauen und die Kinder, Arbeit. Wir brauchen einen Neuanfang, und wir brauchen ihn hier. Wir wollen uns nicht auf den Weg nach Europa machen müssen, um leben zu können.«

Diesen Dialog auf Augenhöhe werde ich nie vergessen. Die deutsche Ministerin erfuhr aus erster Hand, was sich die Jesidinnen wünschen. Ich bin überzeugt davon, dass solche Begegnungen lebensveränderndes Potenzial haben und konsequentes politisches Handeln zur Folge haben können. Dazu gehörte beispielsweise, nicht lange nach Kramp-Karrenbauers Reise, die Verlängerung des deutschen Anti-IS-Militäreinsatzes im Irak um ein weiteres Jahr. Ich war sehr froh, dass die SPD nach längerem Zögern schließlich doch noch der Fortsetzung des Einsatzes zugestimmt hatte. Sein Ende hätte das völlig falsche Signal gesendet. Die Unterstützer des zwar offiziell besiegten, doch sich längst neu formierenden IS hätten sich ermutigt gefühlt, wieder sichtbarer zu werden.

Die Bundeswehr, die unter anderem den Verbündeten aus der Anti-IS-Koalition Luftbilder zur Verfügung stellt, genießt in der Region einen sehr guten Ruf, denn sie vertritt keine eigenen nationalen Interessen. Die deutschen Soldaten treten als Mediatoren auf und nicht als Kämpfer, die Konflikte schüren. Sie helfen mit, die Basis für realistische Friedensarbeit zu schaffen. Denn Frieden muss verteidigt werden. Es reicht nicht aus, den IS nicht zu mögen. Wir müssen ihn aktiv bekämpfen.

Hilfe aus Deutschland

Die im Jesidentum herrschende Endogamie sieht für sexuelle Kontakte außerhalb der Ehe die Verstoßung aus der Glaubensgemeinschaft vor. Das galt zunächst auch für jene Frauen, die während ihrer IS-Gefangenschaft vergewaltigt worden waren. Sie hatten die Ehre der Gemeinschaft verletzt und wurden daher geächtet, manchmal sogar zum Suizid aufgefordert. Erst als das religiöse Oberhaupt der Jesiden, der Baba Sheikh, vergewaltigte und versklavte Frauen offiziell segnete, konnten sie weiter Teil der Gemeinschaft sein. In einem Akt der Humanität waren die alten Dogmen einer veränderten Wirklichkeit angepasst worden.

Leider hilft das jenen Frauen nicht, die während ihrer Gefangenschaft Kinder auf die Welt gebracht haben. Wie geht die jesidische Gemeinschaft mit diesen Kindern um, die sowohl nach irakischem Recht als auch nach jesidischer Sitte als Muslime gelten? Wird es auch hier zu einer dringend benötigten Neuformulierung der Tradition kommen? Das sind Fragen, an denen sich letztlich – ähnlich wie beim Thema Endogamie – auch die Zukunft des Jesidentums entscheidet. Auf ihre Beantwortung können die betroffenen Frauen jedoch nicht warten.

Sie sind auch nach ihrer Freilassung wieder zwischen die Fronten geraten. Für sie setzt sich der Schrecken nahtlos fort, denn sie müssen sich zwischen ihren Kindern und der jesidischen Gemeinschaft entscheiden. Wir wissen von Frauen, die sich, um ihre Kinder behalten zu können, vom jesidischen Glauben losgesagt haben. In ihrer Not sind manche von ihnen sogar zu den IS-Schergen zurückgekehrt. Andere wiederum haben ihre Kinder in syrischen Waisenhäusern oder Flüchtlingslagern zurückgelassen, versuchen jedoch, wenigstens heimlich den Kontakt zu ihnen zu halten. Ein entsetzliches, im Grunde unmenschliches Dilemma, für das zum Teil auch jesidische Gemeinden in der Diaspora mitverantwortlich sind, die Druck auf die Entscheidungsträger ausgeübt haben, an der Verstoßung der Kinder festzuhalten.

Diese schwer traumatisierten Frauen, die in jahrelanger Gefangenschaft durch die Hölle gegangen sind, erhalten im Irak weder angemessenen Schutz noch Unterstützung. Sie brauchen unsere Hilfe, und zwar nicht morgen, sondern jetzt. Deutschland sollte die Frauen, die sich für ihre Kinder entschieden haben und deshalb keinen Platz mehr in der jesidischen Gemeinschaft finden, schnellstmöglich aufnehmen. Denn bei uns greift das irakische Recht nicht, und die Kinder können daher wie ihre Mütter als Jesiden gelten.

Baden-Württemberg hat 2015 in einer einzigartigen Pionierleistung über tausend besonders schutzbedürftigen, vor allem jesidischen Frauen und Kindern ein humanitäres Aufenthaltsrecht ermöglicht. Fünf Jahre danach sind sie in ihrem neuen Leben angekommen. Sie haben psychologische Betreuung erhalten, sind zur Schule gegangen, haben die Sprache gelernt und entscheiden sich nun für einen Beruf. Vor allem die Kinder haben sich schnell an das neue Land und die fremde Kultur gewöhnt.

Den Müttern, die bis heute an den Folgen ihres Martyriums leiden, fiel das oft weniger leicht. Die Bewältigung des Erlebten, der Verlust naher Angehöriger sowie das Zurücklassen überlebender Familienmitglieder in der Heimat bleiben starke Belastungsfaktoren im Alltag. Dennoch zeigen sich die betreuenden Ärzte immer wieder überrascht von der Resilienz der Frauen. Ihr Wille, durchzuhalten und weiterzumachen, zeugt von großer mentaler Stärke. Wenn ich ihnen begegne, erinnern sie mich daran, was es heißt, zu kämpfen. Sie wollen die Dunkelheit hinter sich lassen, deshalb haben sie sich für das Leben entschieden. Für mich bilden diese Frauen die Avantgarde gelungener Integration. Letztlich profitiert unsere ganze Gesellschaft von ihrer Tapferkeit und ihrer Energie.

Nach einem langen zeitlichen Vorlauf zog Brandenburg im Herbst 2019 nach. Ein Aufnahmeprogramm für 72 Jesidinnen und Jesiden war bereits 2016 beschlossen worden, doch die vom Flüchtlingswerk der Vereinten Nationen getroffene Auswahl und die sich anschließenden Visa-Verfahren brauchten ihre Zeit. *HÁWAR.help* war von Beginn an als Projektpartner in die Durchführung des humanitären Hilfsprogramms eingebunden. Als die gute Nachricht endlich offiziell verkündet werden durfte – da waren die ersten 32 Schutzbedürftigen bereits in einer Gemeinschaftsunterkunft im Landkreis Oder-Spree eingetroffen, wo sie von Psychologen und Sozialarbeitern betreut werden sollten –, war das einer jener Momente, für die wir leben und arbeiten. Für einige Augenblicke ist alles gut, man ist dankbar und stolz und ein bisschen müde. Aber dann richtet sich der Blick schon wieder nach vorn, denn es gibt so viel zu tun.

Wie gut ist es dann, engagierte und glaubwürdige Verbündete zu haben, zum Beispiel Annalena Baerbock, die Co-Vorsitzende der Grünen, den ehemaligen CDU-Fraktionschef Volker Kauder und den Vizepräsidenten des Bundestags Thomas Oppermann (SPD). In einem wichtigen überparteilichen Impuls sprechen sie sich für ein nun bundesweites Sonderkontingent aus. Es geht um wenige Hundert besonders schutzbedürftige jesidische Frauen aus IS-Gefangenschaft, denen aufgrund der strengen Endogamie-Regeln vor Ort der Weg zurück in ihre Familien versperrt ist. In Deutschland könnten sie die dringend benötigte psychologische Hilfe erhalten. Sie könnten ein Leben in Freiheit und Sicherheit führen, und zwar zusammen mit ihren Kindern.

Damit es zu solch einem Sonderkontingent auf Bundes-
ebene kommen kann, wird eine Mehrheit im Bundestag
benötigt. Daher diskutierte ich kurz vor Weihnachten 2019
im Bundestag mit Mitgliedern verschiedener Parteien über
die Initiative. Wichtig war mir dabei der Hinweis, dass sich
die Einrichtung von Sonderkontingenten und die Hilfe vor
Ort nicht gegenseitig ausschließen. Ziel muss es immer sein,
die humanitäre Aufnahme von schutzbedürftigen Menschen
mit einer Verminderung von Fluchtursachen zu verbinden,
und das geht nur in den Herkunftsregionen. Dort müssen
die Menschen wieder eine Perspektive für ihr Leben bekommen. Nur so lässt sich Flucht verhindern. Auch in diesem
Punkt haben Baden-Württemberg und Brandenburg durch
die Gründung des Instituts für Psychotherapie und Psycho-
traumatologie in der irakischen Stadt Dohuk beziehungsweise
durch den Aufbau eines Betreuungs- und Weiterbildungs-
zentrums in der Sindschar-Region bereits wertvolle Arbeit
geleistet.

Es geht um Gerechtigkeit

Ich beendete meine Ausführungen mit einem Satz, der für
mich alle unsere Anstrengungen, ein bundesweites Sonderkontingent realisieren zu können, auf den Punkt bringt:
»Diese Initiative sendet ein wichtiges Zeichen für die Werte
von heute und ein Signal an die Täter von morgen.«

Opfer von Gewalt haben immer »lebenslänglich«. Werden die Täter bestraft, macht das ihr Leid nicht ungesche-
hen. Aber es sorgt zumindest für ein kleines Stück Gerechtigkeit. Miterleben zu müssen, dass die Täter keine oder nur

sehr geringe Konsequenzen für ihr Handeln tragen müssen, bedeutet für die Betroffenen eine erneute Traumatisierung, die ihre Rückkehr ins Leben gefährdet.

Derzeit wird in Deutschland darüber diskutiert, ob das Land deutsche IS-Kämpfer zurücknehmen soll und wie sie dann angemessen bestraft werden könnten. Wenn ich auf meinen Reisen in den Irak mit ehemaligen IS-Gefangenen spreche, frage ich sie immer auch nach ihrer Meinung zu diesem Thema. Salih, der viereinhalb Jahre gefangen gehalten wurde und während dieser Zeit besonders unter einem IS-Kämpfer aus Deutschland gelitten hat, vertritt da eine ganz klare Position. Er würde alle Täter sofort hinrichten lassen. »Sie haben es nicht verdient, nach Deutschland ausgeliefert zu werden«, sagt er.

Welche Strafe ist angemessen für Mord, Versklavung, Vergewaltigung? Für an Kindern ausgeübte Gräueltaten? In schwachen Stunden wünsche ich mir manchmal eine schnelle Aburteilung der Täter noch im Irak. Doch ich weiß, dass das keine Lösung wäre. Der Irak ist kein Rechtsstaat. Eine wirkliche juristische Aufarbeitung des Genozids wäre so kaum möglich, doch gerade sie ist für eine zukünftige Erinnerungs- und Gedenkkultur elementar. Ohne sie ist keine Heilung möglich. Deutschland trägt Verantwortung, denn an der Front wurde auch Deutsch gesprochen. Die Täter müssen zurückgeholt, angeklagt und bestraft werden, und zwar von einem deutschen Gericht. Das sind wir unseren Werten, aber das sind wir vor allem den Opfern schuldig, die mit ihren mutigen Aussagen maßgeblich zur Ermittlung und Strafverfolgung der Täter beitragen.

Und der Täterinnen. Die Opfer des IS haben unter Männern *und* Frauen gelitten. Aber seltsamerweise werden in der deutschen Öffentlichkeit IS-Anhängerinnen oft gar nicht als Täterinnen wahrgenommen. Ständig ist in den Medien von »IS-Bräuten« die Rede, als hätten sich die Frauen nur eines einzigen Verbrechens schuldig gemacht: blind vor Liebe gewesen und auf den falschen Mann hereingefallen zu sein. Dabei waren sie Teil des Terrors. Auch sie betrachteten die gefangenen Jesidinnen als Sklavinnen, das wurde mir von den Überlebenden immer wieder bestätigt: »Einmal bin ich zu der Mutter eines IS-Kämpfers gegangen und habe ihr die Füße geküsst. Ich habe gesagt: ›Wir beide sind doch Frauen.‹ Aber sie hat mich mit Füßen getreten und gesagt: ›Du bist Sklavin, keine Frau. Von mir wirst du keine Solidarität bekommen. Es ist gut, dass mein Sohn dich vergewaltigt.‹«

Wenn, wie es heißt, Frauen eine Hälfte des Himmels tragen, was ist dann mit der Hölle? Gerade weil ich mich für Frauenrechte und für die volle Gleichberechtigung von Mann und Frau einsetze, fordere ich ein Ende des Geschlechterrabatts. Auch Frauen können schreckliche Taten begehen. Nicht der Chromosomensatz sollte zählen, sondern die Fakten. Meine Solidarität gehört einzig den Opfern.

Diese Menschen trage ich in meinem Herzen. Für sie kämpfe ich. Ich denke an Marteen, die als Neunjährige vom IS verschleppt, vergewaltigt und versklavt wurde. Über vier Jahre war sie in Gefangenschaft. Ihre Mutter und ihre Geschwister wurden getötet. Heute lebt sie mit ihrem Vater in einem Flüchtlingslager, die beiden haben nur noch sich. In unserem »Back to Life«-Center lernt Marteen ihre kurdische Muttersprache noch einmal neu, und ihr Vater begleitet sie dabei. So wie früher, als er Marteen jeden Tag zur Schule gebracht hat. Einfache, aber glückliche Tage waren das, sagt er. Tage wie aus einem anderen Leben. Marteen und ihr Vater haben jede Chance der Welt verdient, vielleicht irgendwann noch einmal solche glücklichen Tage erleben zu können.

»Ich will kein Opfer sein« – Gespräch mit Dalia

Ich wollte Dalia interviewen, weil sie für mich den *German Dream* der Neuankömmlinge perfekt verkörpert. Sie will mehr, als das Leben ihr bisher beschert hat. Dalia ist Jesidin und unter schwierigsten Bedingungen aus dem Irak nach Deutschland gekommen. Viele ihrer Angehörigen, darunter ihre Eltern, sind vom IS getötet worden, ihre Schwester Najlaa war in IS-Gefangenschaft. Dalia legt ganz viel Stärke an den Tag, man kann ihr förmlich dabei zusehen, wie sie sich emanzipiert. Sie wird sich nicht mehr von ihrem Weg abbringen lassen, ganz egal wohin er sie führt. Ihre Schwester Najlaa kämpft für die juristische Aufarbeitung des vom IS verübten Völkermords. Sie möchte ihr ganzes Leben lang darüber sprechen, was ihr während der Gefangenschaft widerfahren ist. Gemeinsam waren wir schon bei den Vereinten Nationen, gemeinsam haben wir auch die Orte des Grauens besucht, an denen der IS gewütet hat. Wir sollten Frauen wie Najlaa und Dalia dabei helfen, Teil unserer Gesellschaft zu werden.

// Düzen Tekkal: *Dalia, wie lange bist du jetzt schon in Deutschland?*

\\ Dalia: Seit vier Jahren.

// Du sprichst sehr gut Deutsch.

\\ Das ist mir auch wichtig. Wenn man in ein Land kommt, muss man die Sprache lernen, damit man sich nicht immer fremd fühlt. Denn dann kann man sich mit anderen Menschen unterhalten und vielleicht auch eine Arbeit finden.

// Wie hast du Deutsch gelernt?

\\ Ich habe Sprachkurse besucht. Und ich habe immer auch versucht, mit anderen Menschen in Kontakt zu kommen. Das hat mir geholfen. Am Anfang, als meine Schwester und ich nach Deutschland gekommen sind, verstanden wir gar nichts. Wir hatten damals oft Angst, dass wir aus Versehen etwas Verbotenes tun. Wir haben uns sehr fremd gefühlt.

// Warum bist du nach Deutschland gekommen?

\\ Wegen des Krieges gegen unsere Religion. Wir sind Jesidinnen und haben im Irak alles verloren. Unsere Familie, unsere Häuser, unser Dorf. Alles.

// Das ist eigentlich ein ganzes Leben.

\\ Ja, aber in Deutschland leben wir weiter. Weil wir hier in Sicherheit und Frieden sind.

// *Was ist euch genau passiert im Irak?*

\\ Im April 2014 waren wir noch alle zusammen, die ganze Familie. Wir waren zufrieden und haben ganz normal gelebt. Aber als es Sommer wurde, haben wir Angst bekommen. Der IS hat Mossul eingenommen und kam danach immer näher, auch nach Tel Afar. Wir konnten nichts tun, außer auf die kurdische Regierung zu vertrauen. Immer haben wir gedacht: Die werden schon nicht zulassen, dass etwas Schlimmes passiert. Aber leider haben sie uns nicht beschützt. Schließlich kam der IS auch nach Sindschar, am 3. August 2014 war das. Viele Jesiden wurden getötet, viele Frauen entführt, vergewaltigt und als Sklavinnen verkauft. Bis zum 15. August blieben wir noch zusammen in unserem Dorf. Wir haben die Welt angefleht, uns einen Weg zu zeigen, da rauszukommen. Aber keiner hat uns geholfen. Dann war es zu spät. Die Jungen aus unserem Dorf, die jünger als neun waren, sollten bei der Mutter bleiben. Ab neun Jahren galten sie als Männer, und alle Männer wurden vom IS getötet. Auch meine Mutter, mein Vater und meine beiden Brüder wurden getötet, weil sie sich weigerten, Muslime zu werden. Meine Schwestern wurden gefangen genommen, vergewaltigt und mehrmals weiterverkauft. Nur mein kleiner Bruder und ich blieben verschont.

// *Deine Schwester Najlaa, die in IS-Gefangenschaft war, lebt heute mit dir in Deutschland. Hättest du jemals gedacht, sie wiederzusehen?*

\\ Nein. Als meine Schwestern gefangen genommen wurden, habe ich mich so einsam gefühlt. Ich habe gedacht: Nun gibt es keine Familie mehr, nun gibt es nur noch meinen kleinen Bruder und mich. Keine anderen Geschwister, keine Mutter, keinen Vater. Nach einer Weile habe ich aber zu Najlaa Kontakt bekommen. Jesiden, die ebenfalls in Gefangenschaft waren, hatten ein Handy. Da erfuhr ich, dass manche Frauen noch am Leben waren, und Najlaa war eine von ihnen. Bis dahin wusste ich nicht, ob sie noch lebte oder ob sie tot war. Ich habe auch nach den Männern und nach meiner Mutter gefragt. Doch bei ihnen hieß es immer: Du musst Geduld haben. Irgendwann erfuhr ich dann, dass sie tot waren.

Die Erste, die freigelassen wurde, war unsere Cousine. Sie lebt mittlerweile auch in Deutschland, in Plochingen bei Stuttgart. Sie hat uns alles erzählt, was der IS getan hat. Sie sagt: »Ich bin zwar jetzt im Frieden, aber meine Gedanken sind immer noch bei denen, die mit mir in Gefangenschaft waren, die jeden Tag vergewaltigt wurden.« Wir haben immer weiter versucht, Najlaa über das Handy zu erreichen. Dann war es eines Tages so weit, und ich konnte mit Najlaa sprechen. Ich fragte sie: »Wie geht es euch allen?« Und sie antwortete: »Wie soll es uns gehen? Wir sind zwar am Leben, aber wir sterben jeden Tag.«

// *Wie war das für dich, als du das erste Mal wieder mit Najlaa gesprochen hast?*

\\ Ich konnte gar nicht wirklich sprechen. Ich habe nur geweint. Einerseits war ich so froh, weil ich dachte: Ich kann wieder mit ihr reden, ich kann ihr Fragen stellen, und sie kann mir antworten. Aber andererseits war ich auch so traurig, dass ich nur geweint habe und nicht mehr reden konnte. Ich gab dann das Telefon meinem Bruder. Ich habe gesagt: Wäre ich nur auch gefangen genommen worden, das wäre besser gewesen, als hier alleine zu sein und immer an die Gefangenen denken zu müssen und an das, was sie durchmachen. Ob sie etwas zu essen haben, ob sie schlafen können.

// *Als Najlaa freigelassen worden ist, seid ihr gemeinsam über das humanitäre Aufenthaltsrecht nach Deutschland gekommen. Wie und wo lebt ihr jetzt?*

\\ Wir leben in Hannover. Meistens geht es uns einigermaßen gut. Aber dann erfahren wir wieder etwas Schlimmes aus dem Irak oder sehen schlimme Bilder, und die Erinnerungen kommen zurück. Deswegen haben wir oft keine Kraft mehr. Eigentlich sind wir nicht schwach, aber das, was wir erlebt haben, ist so mächtig. Dagegen kommt man kaum an.

// *Was war das für euch für ein Moment, als ihr nach Deutschland gekommen seid?*

\\ Der Moment war sehr schwer und traurig. Aber auch ein bisschen glücklich. Weil wir aus dem Krieg herauskommen und nach Deutschland gehen konnten, wo Frieden ist und Sicherheit; wo nette Menschen sich sofort um uns gekümmert haben. Jeder hat zu uns gesagt: Ich helfe euch. Wir hatten großes Glück, an solche Menschen zu geraten und in einem solchen Land leben zu dürfen. Aber dennoch war es auch so traurig, weil wir die anderen zurücklassen mussten. Viele Cousinen und Cousins, die noch in Gefangenschaft waren. Wir dachten, wir würden nie mehr Kontakt zu ihnen haben, weil wir jetzt in einem fremden Land leben, und das war sehr schwer. Wir kannten erst mal niemanden außer uns selbst.

// Bekamt ihr psychologische Hilfe?

\\ Ja. Das war sehr gut. Alle Betreuerinnen waren sehr nett. Sie haben vom ersten Tag an dafür gesorgt, dass wir uns nicht als Fremde gefühlt haben. Wir haben mit ihnen zusammen gegessen, sie haben uns begleitet, wohin auch immer wir gehen wollten. Sie waren die ganze Zeit bei uns und haben uns nie allein gelassen. Sophia und Barbara hießen sie. Sie wurden uns sehr wichtig. Mit ihrer Hilfe konnten wir Sprachkurse besuchen und zum Beispiel auch lernen, wie man allein zum Arzt geht. Sie haben uns immer unterstützt und uns Ratschläge gegeben. Sie haben gesagt: Habt keine Angst davor, dass euch jemand wieder etwas Schlimmes antun könnte.

// Was hast du jetzt vor?

\\ Ich möchte einen Schulabschluss machen und danach eine Ausbildung beginnen. Welche genau, das habe ich noch nicht entschieden. Mein Traum ist es, irgendwann Bundeskanzlerin zu werden. *(lacht)* Nein, mein wichtigster Traum ist es, irgendwann Anwältin zu werden. Damit ich Menschen zu ihrem Recht verhelfen und Recht sprechen kann. Denn oft erfahren Menschen wie wir keine Gerechtigkeit.

// *Wie kommst du auf Bundeskanzlerin? Ich weiß ja noch, als wir beide einmal durchs Regierungsviertel liefen, hast du aufs Kanzleramt gezeigt und gesagt:* »*Da will ich rein!*«

\\ Wenn ich Bundeskanzlerin wäre, könnte ich den Leuten helfen. Ich könnte den Krieg beenden und dafür sorgen, dass alle miteinander in Frieden leben. Jeder könnte das tun, was er möchte, ohne dass er deshalb unterdrückt wird.

// *Was gibt dir Kraft?*

\\ Dass wir Menschen an unserer Seite haben, die uns unterstützen. Menschen, die sagen: Komm, mach weiter. Egal, ob du es schaffst oder nicht, mach immer weiter. Dann kommst du irgendwann an dein Ziel.

// *Was wünschst du dir für deine Zukunft? Welche Hoffnungen hast du?*

\\ Manche meiner Wünsche können nicht erfüllt werden. Ich habe mir gewünscht, dass wir alle irgendwann zusammen in Deutschland leben, die ganze Familie. Aber das wird nicht passieren, denn jeder lebt jetzt in einem anderen Land. Und viele sind gar nicht mehr am Leben. Bei manchen Wünschen ist es also besser, sie gar nicht erst zu haben, sonst macht man sich nur vergebliche Hoffnungen. Andere Wünsche habe ich schon: dass ich irgendwann meine eigene Arbeit habe und dann andere Leute unterstützen kann; dass auch meine Schwester eine Arbeit findet, sodass wir wie eine normale Familie leben können und nicht immer nur traurig sind. Ich will kein Opfer sein. Wenn man das erlebt hat, was wir erlebt haben, ist man zwar Opfer, aber man will es nicht immer sein. Man will etwas tun. Man will wie alle anderen auch etwas erreichen. Ich bewundere Najlaa sehr, weil sie so stark ist. Sie versucht uns unsere Mutter zu ersetzen und hilft uns allen, obwohl sie so viel durchgemacht hat.

// *Du hast vorhin schon von Träumen gesprochen* ...

\\ Manchmal träume ich davon, dass unser Land wieder wie früher sein könnte und dass wir dann alle wieder zusammen wären. Ich träume davon, dass die Welt friedlicher wird, dass es keinen Krieg mehr gibt und man in den Nachrichten nicht mehr hören muss, wie wieder jemand umgebracht wurde wegen seiner Religion oder auch aus einem anderen Grund. Das sind meine Träume.

Epilog: Ein neuer Artikel für das Grundgesetz

Manchmal, wenn man sich im Alltag verliert und gegen Widerstände angehen muss, ohne immer gleich zu wissen, woher man die Kraft dafür nehmen soll, kann es helfen, einen Schritt zur Seite zu tun und auf das zu schauen, was man schon geschafft hat. In solchen Situationen des Innehaltens denke ich zum Beispiel an Karla – ein zwölfjähriges Mädchen, das sich nach der *German Dream*-Pressekonferenz am Brandenburger Tor an den Computer gesetzt und uns eine Mail geschickt hat. Sie wolle gern bei uns mitmachen und auch Wertebotschafterin werden, schrieb Karla. Ihre zweite Mail klang schon deutlich ungeduldiger: Warum wir denn nicht antworten würden? Immerhin seien schon geschlagene dreißig Minuten vergangen seit ihrer Anfrage!

Karlas Leidenschaft zeigt, dass es uns wohl gelungen ist, Zugänge für gesellschaftliches Engagement zu schaffen, die sich nicht über Exklusivität definieren, sondern über das Gefühl, etwas beitragen zu können. Diesen Geist zu entfachen und dann auch zu erhalten ist unser schönstes Ziel.

Im Spätsommer 2019 wurde ich von der amerikanischen

Botschaft in Berlin als Gastrednerin für einen Vortrag eingeladen. Ich stellte meine Ausführungen unter einen fragenden Titel: »Why is there an American Dream but no German Dream?« Dann verwies ich auf die amerikanische Unabhängigkeitserklärung von 1776, in deren Präambel es bekanntlich heißt: »We hold these truths to be self-evident, that all men are created equal, that they are endowed by their Creator with certain unalienable Rights, that among these are Life, Liberty and the pursuit of Happiness.« (»Wir halten diese Wahrheiten für ausgemacht, dass alle Menschen gleich erschaffen worden sind, von ihrem Schöpfer mit gewissen unveräußerlichen Rechten begabt, worunter sind Leben, Freiheit und das Bestreben nach Glückseligkeit.«)

Es dauerte fast zweihundertfünfzig Jahre, bis die in der Unabhängigkeitserklärung postulierte Gleichheit aller Menschen tatsächlich auch gesetzliche Realität wurde. Nach und nach kam nicht nur die weiße, christliche, besitzende und vor allem männliche Klasse in den Genuss »unveräußerlicher Rechte«, sondern auch die Menschen anderen Geschlechts, anderer Hautfarbe oder anderer Religion.

Besonderes Gewicht legte ich in meiner Rede auf den Begriff »the pursuit of Happiness«, schien er mir doch das Prinzip des *American Dream* auf eine ebenso bündige wie einleuchtende Formel zu bringen. Das unveräußerliche Recht eines jeden Menschen, sein Glück zu suchen und alles für dieses Ziel zu tun, ganz egal welche Startbedingungen er oder sie jeweils vorfindet – warum steht so etwas nicht in den aktuell 146 Artikeln des deutschen Grundgesetzes? Und diese Frage ist nicht rhetorisch gemeint.

Wir sollten alle zusammen über einen 147. Artikel nachdenken, der das Recht auf einen Lebenstraum in der Verfassung verankert. Viele mögliche Formulierungen für einen solchen Artikel ließen sich denken:»Jeder Mensch darf seine Ziele im Leben selbst festlegen, solange er dabei nicht die Freiheit anderer verletzt.« –»Niemand darf aufgrund seines persönlichen *German Dream* missachtet oder diskriminiert werden.« –»Das Recht, seine Zukunft zu träumen, schließt immer auch die Verantwortung für die Vergangenheit und die Verteidigung demokratischer Werte in der Gegenwart ein.« –»Keine Kultur und keine Religion stehen über der Freiheit des Einzelnen.« Das festgeschriebene Recht auf die Entfaltung individueller Potenziale könnte eine neue Art von Verfassungspatriotismus entstehen lassen; ein allgemeines Bewusstsein der Kostbarkeit unserer Werte, gepaart mit der Bereitschaft, für sie einzustehen, wenn sie bedroht werden.

Als ich Deutschland in meine kurdisch-jesidische Familie gebracht habe, geschah das mit allen Konsequenzen. Mit den Möglichkeiten, aber auch mit den Herausforderungen, die in Werten wie Emanzipation, Selbstbestimmung und Gleichberechtigung beschlossen liegen. Vielleicht kann es uns ja gelingen, dieses Deutschland in ganz viele Familien zu bringen, ob sie nun wie meine eine Zuwanderungsgeschichte aufweisen oder nicht. Vielleicht kann es uns gelingen, diesen *German Dream* gemeinsam zu träumen.

»Die Grenze zwischen Traum und Trauma ist sehr fragil« – Gespräch mit Dr. Wolfgang Schäuble

// **Düzen Tekkal:** *Ich weiß, Träume und Politik, das ist keine ganz einfache Kombination. Aber meiner Meinung nach gab es in der Bundesrepublik bereits zweimal einen gelebten Traum. In Zeiten des Wirtschaftswunders träumten wir den Traum vom Wohlstand für alle. Und beim Mauerfall träumte die Republik von einer friedlichen Gemeinschaft in Freiheit. Teilen Sie diesen Gedanken?*

\\ **Wolfgang Schäuble:** Ich bin 1942 geboren. Ich war also noch in der Grundschule, als das Wirtschaftswunder begann. Eigentlich kann ich mich gar nicht daran erinnern, dass es mir in meiner Kindheit jemals wirklich schlecht ging. Im Schwarzwald war das Leid ja auch nicht so groß wie in den zerstörten Großstädten. Als Heranwachsender habe ich dann durchaus geträumt – aber mehr von der Fußball-Weltmeisterschaft 1954 in der Schweiz als vom Wirtschaftswunder. Das betraf eher die Generation meiner Eltern. Für sie muss es schon ein Traum gewesen sein, dass es nach all dem Furchtbaren wieder aufwärtsging. Und ich meine das nicht nur in wirtschaftlicher Hinsicht, sondern ganz allgemein. Man konnte wieder leben. Fast eine ganze Generation fuhr damals nach Italien in den Urlaub und entdeckte den Süden und eine gewisse Leichtigkeit. Der Gewinn der Fußball-Weltmeisterschaft gab zusätzliches Selbstvertrauen. Wir waren auf einmal wieder wer.

// Und der Mauerfall und die Wiedervereinigung?

\\ Die Wiedervereinigung war natürlich für die Ostdeutschen ein Traum, ganz klar. Und auch für den Teil der westdeutschen Bevölkerung, der schon etwas älter war und die Teilung noch als Schmerz empfunden hat, vielleicht weil verwandtschaftliche Beziehungen zu Menschen in der DDR bestanden. Viele andere in der Bundesrepublik aber hatten sich längst mit der Teilung abgefunden. Dementsprechend skeptisch standen sie später der Wiedervereinigung gegenüber. Sie hätten der DDR zwar gewünscht, sich in eine rechtsstaatliche, freiheitliche Demokratie zu verwandeln, durchaus auch mit tatkräftiger Unterstützung aus Bonn, aber ansonsten: Bleibt uns bitte vom Hals damit!

// Wie sind Ihre Erinnerungen an die entscheidenden Tage 1989?

\\ In der Regierung von Helmut Kohl war ich ab 1984 Chef des Kanzleramts und damit auch für die DDR zuständig. Dadurch kannte ich die ostdeutschen Strukturen und die maßgeblichen Personen ziemlich gut. Aber dass die Mauer fallen würde, das blieb bis zuletzt jenseits meiner Vorstellung. Trotz aller Vorzeichen, die es natürlich gab. Am Abend des

9. November saßen wir in Bonn im Kanzleramt zusammen. Rudolf Seiters, mein Nachfolger als Chef des Kanzleramts, hatte zum Gespräch gebeten, auch die Fraktionsvorsitzenden waren da. Wir sprachen über die Unterbringung der vielen Übersiedler aus der DDR, wahrscheinlich würden wir Turnhallen beschlagnahmen müssen. Plötzlich kam Kohls persönlicher Pressesprecher Eduard Ackermann in den Raum und sagte: »Manche Agenturen melden, dass die DDR heute Abend die Mauer öffnet!« An diesem Abend sah ich in viele feuchte Augen. Normalerweise bin ich in dieser Beziehung etwas zurückhaltender, aber auch mich berührte das sehr. Es war wirklich ein Traum.

// *Auch für mich, obwohl ich 1989 erst neun Jahre alt war. Ich saß in Hannover vor dem Fernseher und musste weinen. Noch immer berührt mich die Erinnerung an die Maueröffnung wie wenig sonst. Wenn ich von meiner deutschen Seele rede, dann ist dieser Abend definitiv ein Teil davon, auch wenn ich gar nicht so genau benennen kann, warum das so ist. Wahrscheinlich weil ich mich der Geschichte, die da am 9. November 1989 erzählt wurde, sofort zugehörig fühlte. Gleichzeitig fragte ich mich aber auch: Darf ich das als Kind kurdisch-jesidischer Eltern überhaupt? Darf ich von den Ereignissen so bewegt sein? Stehen mir diese Empfindungen zu?*

\\ An dem Abend stimmten im Bundestag einige Abgeordnete spontan die Nationalhymne an – während andere unter Protest den Saal verlassen haben. Anders Willy Brandt. Der hat damals Rotz und Wasser geheult.

// *Für mich gehört die Hymne, ebenso wie die deutsche Flagge,
in die Mitte der Gesellschaft. Als Zeichen für einen Verfassungspatriotismus, der eine Antwort sein könnte auf den dumpfen
Nationalismus, den wir gegenwärtig, etwa bei der AfD, erleben.*

\\ Ich glaube, an der Hymne und an der Flagge stören
sich nur noch ein paar versponnene Intellektuelle. Boris
Becker ist schon 1987, nachdem er in Amerika gegen John
McEnroe eines der längsten Daviscup-Matches überhaupt
gewonnen hatte, mit der deutschen Fahne durch die Halle
gelaufen. Oder denken Sie an das Meer von Fahnen nach
dem Gewinn der Fußball-Weltmeisterschaft 1990. Vom
Sommermärchen 2006 ganz zu schweigen. Seitdem gibt
es bei Länderspielen in Deutschland auch nicht mehr das
früher durchaus übliche Pfeifkonzert, wenn die Nationalhymne gespielt wird.

// *Warum ist es trotzdem so schwer, einen deutschen Traum zu
definieren? Bei der Vorbereitung unserer Initiative sahen mich
nicht wenige meiner autochthon deutschen Freunde ganz ent-
geistert an:* »German *plus* Dream, *bist du des Wahnsinns? Das
kann man doch nicht sagen!*«

\\ Ich glaube, die große Mehrheit der Bevölkerung, die
sogenannte schweigende Mehrheit, denkt so nicht. Erst
wenn man eine intellektuelle Debatte daraus macht, wird es
schwierig. Denn dann geht es um die Frage: Was ist Deutschland? Als Antwort zitiere ich immer gerne Richard Schröder:
»Etwas Bestimmtes, nichts Besonderes.« Mit dem Satz »Ich
bin stolz, ein Deutscher zu sein« habe ich dagegen immer
große Mühe gehabt. Deutscher zu sein, das ist nicht besser,

als Schwede oder Franzose zu sein. Ich bin ja auch nicht stolz darauf, dass ich nun mal ich und kein anderer bin.

// *2016 haben Sie in einem langen ZEIT-Interview über die Möglichkeit eines modernen Konservatismus nachgedacht. Sie sprachen damals auch mit großer Emphase über die Zuwanderung nach Deutschland.*

\\ Eigentlich war das ein ganz gelungenes Interview. Aber an einer Stelle habe ich gesagt:»Abschottung ist das, was uns kaputtmachen würde, was uns in Inzucht degenerieren ließe.« Ich dachte dabei an früher. Wenn die Leute im Schwarzwald-Tal nicht aus ihren Dörfern rausgekommen sind. Das Wort hat leider das ganze Interview überschattet. Übrig blieb nur noch allgemeine Empörung:»Schäuble spricht von Inzucht!« Hinterher habe ich oft gedacht: Hätten wir das Wort nur aus dem Interview gestrichen! Dann wären auch seine Inhalte diskutiert worden, etwa dass wir natürlich Migration brauchen.

// *Müssen wir als Aufnahmegesellschaft konkreter formulieren, was wir von den Menschen erwarten, die neu zu uns kommen?*

\\ Die Deutschen machen meist eine Verordnung. Dann wird es gleich bürokratisch und so perfektionistisch, dass ich es kaum aushalte. Die Menschen hierzulande sind nicht so offen wie etwa die in New York, aber das kann man auch nicht verlangen. Wir sind eben ein bisschen anders. Ich bin trotzdem zuversichtlich. Gestern Abend, bei einer Veranstaltung in Dresden, sagte eine Frau:»Wie viele Afrikaner sollen wir denn noch nehmen? Wir haben doch schon genug eigene Probleme!« Daraufhin rief ein anderer:»Ich bin neulich in einen anderen Stadtteil umgezogen, und die Leute fragten mich: ›Wieso ziehst du denn dahin? Da wohnen doch so viele Ausländer!‹ Aber wissen Sie was? Das sind alles nette Leute, mit denen ich da jetzt wohne.« Und ich sagte:»Sehen Sie, so war es bei meiner Mutter auch. In den 1980er-Jahren hat in der Nachbarschaft meiner Eltern eine ortsansässige Firma lauter türkische Gastarbeiterfamilien in Betriebswohnungen untergebracht. Erst war die Skepsis groß, aber ein paar Wochen später hat sie gesagt: ›Du, übrigens, du glaubsch net, was des für nette Leut sind.‹« Man muss einander kennenlernen.

// *Die Kontakthypothese. Nähe vermindert Vorurteile.*

\\ Schon der Vater von Marine Le Pen, Jean-Marie Le Pen, hat in Frankreich mit dem Front National gerade in den Regionen große Erfolge gefeiert, wo es nur ganz wenige Ausländer gab. In manchen Regionen Ostdeutschlands liegt der Ausländeranteil bei unter zwei Prozent. Und trotzdem kann man da mit diesem Thema immer noch Stimmung machen. Ich habe mal einen Kollegen erlebt, der vor ein paar Jahren während des Wahlkampfs in Mecklenburg-Vorpommern mit großer Überzeugung und auch mit viel Zustimmung im Saal ein Burka-Verbot gefordert hat. Ich saß dabei und sagte nichts. Aber nach der Veranstaltung fragte ich ihn:»Sag mal, habt ihr überhaupt Burkas hier?«»Nee«, sagte der.»Aber das kommt unheimlich gut an!«

// *Weil es Ängste gibt, die sich nicht so leicht ausräumen lassen.*

\\ Man darf Menschen nicht überfordern, sonst gefährdet das ihr Bedürfnis nach Vertrautheit. Bei der Debatte über die EU-weite Verteilung von Flüchtlingen den Osteuropäern immer wieder Druck zu machen, da war das Pferd wirklich am falschen Ende aufgezäumt! Lasst denen doch erst mal Zeit. Lasst es einfach ein bisschen wachsen. Mein Glaube ist: Wenn Menschen direkt und unmittelbar angesprochen werden, sind sie hilfsbereit. Das war ja auch in Deutschland so. Aber wenn man sie überfordert, wird es schnell zu viel.

// *Ich möchte Ihnen da recht geben. Vor einigen Jahren hat Baden-Württemberg jesidischen Frauen ein humanitäres Aufenthaltsrecht ermöglicht, das lief über eine Sonderkontingentslösung. Etwas Ähnliches fand nun wieder statt, und zwar in Brandenburg. Mit HÁWAR.help haben wir da vor Ort einiges an Vorarbeit geleistet. Nach der Vorführung unseres Films in Eberswalde gab es eine lebhafte Diskussion, bei der die Leute offen ihre Meinung äußerten. Manche haben gesagt: »Wir sind einverstanden damit, dass die Jesidinnen zu uns kommen, aber wir haben auch Angst. Diesen Frauen ist so viel passiert, von dem wir keine Vorstellung haben. Wir wissen ja gar nicht, ob wir das alles schaffen!« Diese Ehrlichkeit hat mich beeindruckt. Die Eberswalder haben wirklich mit sich gerungen, aber am Ende haben sie gesagt: Wir wollen das versuchen. Und mittlerweile sind sie regelrecht stolz darauf, dass sie den jesidischen Frauen geholfen haben. Neulich, als wir in einer brandenburgischen Schule zu Gast waren, sagte ein Mädchen: »Ich wusste vorher überhaupt nichts vom Schicksal der Jesiden und vom Völkermord durch den IS. Aber jetzt muss ich immer daran denken, wie es für mich wäre, wenn ich meine Eltern verloren hätte.« Dann fing sie an zu weinen. In dem Moment, in dem man den*

Austausch und die Macht der Begegnung zulässt, passiert etwas.
Und trotzdem: Ob die Migration ein German Dream oder ein
German Trauma ist, daran werden sich die Geister wohl noch
sehr lange scheiden.

\\ Die Grenze zwischen Traum und Trauma ist sehr fragil. Vor allem, wenn Gewalt ins Spiel kommt, meist bei jungen Männern. Bei Frauen ist das anders. Das Kopftuch, aber vor allem die Burka, das sind eher Symbolthemen. Ich muss da immer an die zwei armen französischen Polizisten denken, die an der Côte d'Azur eine Frau aus dem Wasser holen mussten, nur weil sie in einem Burkini gebadet hat. Das hätte auch in Deutschland passieren können.

// Solche Aktionen spielen natürlich Islamisten in die Hände.

\\ Ja. Die Kunst von Politik besteht darin, den Menschen Mut zu machen, ihnen das Gefühl von Überforderung zu nehmen und Zuversicht zu geben. Dazu gehört auch die richtige Ansprache. Man muss den passenden Tonfall finden. Ihnen und Ihrer Organisation gelingt das gut. Sie sagen den Leuten: Schaut her, wir kümmern uns, aber wir sagen den Neuankommenden auch, dass hier bestimmte Regeln gelten, ohne die es nicht geht und die eingehalten werden müssen. Das klappt ja auch vielerorts. Sogar da, wo es schreckliche Mordfälle durch Flüchtlinge gab, hat man es einigermaßen gut hingekriegt. In Offenburg, wo ich wohne, gab es einen solchen Mord. Der offenbar psychisch kranke Täter sitzt jetzt in der geschlossenen Anstalt, und es gibt die Debatte, ob man ihn abschieben kann. Aber natürlich kann man einen Kranken nicht abschieben. Man kann nicht sagen: Den sollen sie in Afghanistan behandeln. Nichtsdestotrotz hat die Gesellschaft auch solche furchtbaren Ereignisse verkraftet. Allerdings ist klar, dass es damit auch schnell vorbei sein kann, wenn es irgendwann zu viel wird – gerade in Regionen, in denen die Menschen zusätzlich noch mit Arbeitslosigkeit und Armut zu kämpfen haben.

// *Wie lassen sich die Hilflosigkeit und die Wut vieler Menschen erklären, wenn es um das Thema Zuwanderung geht? Weil es Fragen der eigenen Identität berührt?*

\\ Mir scheint der Grund eher Überforderung zu sein. Die Menschen haben keine Angst vor Fremden, solange sie sich nicht überfordert fühlen. Was immer auch davon abhängt, wie sie gelernt haben, mit Herausforderungen umzugehen, und wie sie mit ihrer eigenen Lebenssituation zufrieden sind. Wenn man sich seiner eigenen Existenz nicht mehr so sicher ist, aus welchen Gründen auch immer, ist die Versuchung groß, andere zum Sündenbock zu machen. Das ist etwas, was mich an der AfD ganz besonders stört. Eine Partei, die den Grund für all unsere Probleme bei den Migranten sucht, macht etwas, was ich nicht akzeptieren kann. Wenn wir anfangen, unsere Probleme nicht mehr als unsere eigenen zu erkennen, und stattdessen andere dafür verantwortlich machen, gerät etwas ins Rutschen.

// *Diese Opferhaltung beherrschen Rechtspopulisten und Rechtsextreme genauso wie, quasi auf der anderen Seite, religiöse Extremisten.*

\\ Ja, die meinen beide dasselbe.

// *Ich nenne sie deshalb die »bösen Zwillinge«. Dennoch sage ich, formuliert als Vorwurf an uns selbst: Warum haben wir, als Kräfte der Mitte, diesen Diskurs nicht besser besetzt? Warum haben wir oft zu viel Angst, in die falsche Ecke gestellt zu werden, wenn wir Probleme benennen? Ich habe das manchmal am eigenen Leib erfahren. Etwa wenn ich sagte: »Liebe Leute, wir haben ein Problem mit Rassismus, darüber müssen wir nicht diskutieren. Aber es gibt eben nicht nur den Rassismus von autochthon deutscher Seite, sondern er findet sich auch bei Türken, bei Kurden, bei Arabern.« Mir als kurdischer Jesidin wird grundsätzlich erst einmal eine islamkritische Haltung unterstellt. Dass mir am Zusammenhalt gelegen ist, gerade auch vor dem Hintergrund, dass den Muslimen im Moment die Herzen nicht gerade zufliegen, das fällt oft unter den Tisch. Mich beschäftigt Deutschland. Das ist meine Heimat. Das ist das Land, das ich liebe und in dem ich noch lange leben will. Dieses Gefühl will ich mir erlauben können. Darauf bin ich stolz. Es gibt mir Kraft, denn es speist sich auch aus meinen Erinnerungen. Erinnerungen an meine erste Deutschlehrerin. Oder an die Köchin, bei der es die besten Königsberger Klopse gab. Ich kenne so viele Deutsche aus Zuwandererfamilien, die sich in diesem Opfer-Diskurs nicht wiederfinden, die davon genervt sind. Deshalb ging es mir darum, mit* German Dream *einen positiven Gegenimpuls zu setzen. Deutschland ist ein Land der Chancen. Und das müssen wir jetzt mal zeigen!*

\\ Wie erklären Sie es sich, dass es unter den zugewanderten Deutschen eher die Frauen sind, die sich engagieren?

// *In orientalisch-patriarchalischen Strukturen – und das gilt nicht nur für Muslime, sondern auch für Jesiden – findet man*

sich als Frau erst einmal in einer Situation der Benachteili-
gung wieder. Man muss sich die Freiheit hart erkämpfen. Aber
wenn man diesen Emanzipationsprozess durchlaufen hat, spürt
man, dass man wirklich Teil der deutschen Gesellschaft werden
kann. Dann erlaubt man sich vielleicht sogar einen Patriotis-
mus, den sich so mancher autochthon Deutsche nie erlauben
würde. Wir müssen von diesem Schubladendenken weg. Die
Trennlinie verläuft nicht zwischen deutsch und nicht deutsch,
sondern zwischen Angekommensein und Nichtangekommen-
sein, sprich: Wer hat die Werte dieser Gesellschaft verinnerlicht
und wer nicht?

\\ Werte sind die Grundweisheiten, die in den meisten
Kulturen und Religionen ungefähr gleich lauten. Sie ermöglichen es den Menschen, friedlich miteinander zu leben.
Werte wie Höflichkeit, Rücksichtnahme, Nächstenliebe. Für
einen Christen sind das vor allem die Zehn Gebote, zu denen
unser Grundgesetz im Übrigen sehr viel Nähe aufweist. Auch
bei den Muslimen gibt es solch einen Wertekatalog. Wie es
bei den Jesiden ist, weiß ich nicht.

// Unsere Religion ist mündlich überliefert.

\\ Sie haben keine Schriftreligion?

// Nein. Das ist einer der Gründe, warum wir von Extremis-
ten und Islamisten immer wieder zur Zielscheibe gemacht wor-
den sind. Wir werden als Abgefallene betrachtet, als sozusagen
heimatlos.

\\ Für mich bedeutet Heimat etwas, mit dem ich mich verbunden fühle, wo ich mich wohlfühle, wo ich mich auskenne und mich zugehörig fühle. Zunächst einmal ist das der Raum meiner Kindheit. Da, wo ich herkomme. Ich hatte das Glück, nie einen Bruch erleben zu müssen. Ich musste nie auswandern und meine Heimat verlassen. Gerade deshalb kann ich mir aber auch sehr gut vorstellen, welch existenzielle Herausforderung es bedeutet, wenn Menschen emigrieren müssen oder vertrieben werden.

// *Ist man der Heimat etwas schuldig? Verpflichtet sie uns zu etwas?*

\\ Ich denke schon. Heimat bedeutet auch, dass man sich ein bisschen um sie kümmert. Was uns Geborgenheit vermittelt, ist ja nichts Abstraktes. Das muss auch gestaltet werden. Ein Auftrag an alle, die darin leben. Freiheit und Verantwortung lassen sich nicht voneinander trennen.

// *Vorhin klang der Begriff des Konservatismus schon einmal an. Das Wort »konservativ« ist heutzutage ja fast schon in Verruf geraten. Dennoch würde ich mich als bürgerlich-konservativ bezeichnen, nicht zuletzt aufgrund meiner Werteorientierung.*

\\ Ich auch. Für mich ist konservativ jemand, der Dinge nicht allein schon deshalb ablehnt, weil man sie schon länger hat; sondern der Erfahrung für eine wichtige Wurzel hält, aus der uns Orientierung erwachsen kann. Was aber nicht bedeutet, dass alles so bleiben muss, wie es immer war. Vielmehr betrachte ich Konservatismus als Voraussetzung dafür, dass wir uns Veränderungen und Herausforderungen stellen können. Doch dass man seine Wurzeln hat, aus denen heraus man lebt, und dass man die auch bewahren und pflegen muss, das halte ich für selbstverständlich. Zu diesen Wurzeln gehören die Werte, über die wir gesprochen haben. Werte zu haben und konservativ zu sein hat für mich viel miteinander zu tun.

// 2010 hat Angela Merkel konstatiert, dass der Ansatz von Multikulti gescheitert sei. Das ist lange her, und seitdem ist viel passiert. Aber vielleicht lässt sich die Frage dennoch stellen: Haben wir unsere säkulare Haltung manchmal ein wenig zu sehr im Namen eines kulturellen Pluralismus aufgegeben?

\\ Ich habe damals die Debatte um Multikulti so wenig gut gefunden wie die gegenteilige, parallel geführte um Patriotismus und Stolz. Deswegen würde ich auch den Satz »Multikulti ist gescheitert« so nicht unterschreiben. Ich kann nicht beim Italiener oder beim Griechen essen gehen und gleichzeitig diesen Satz sagen. Wenn aus Multikulti eine Ideologie wird, die besagt, dass man das Eigene gar nicht mehr haben darf; dass man, überspitzt gesagt, nicht mehr Spiegelei mit Speck essen darf oder was auch immer, dann ist es Unsinn. Wenn aber Multikulti heißt, dass man anderes, Neues als Bereicherung auffasst, dann ist es doch toll. Wir reisen schließlich auch in die ganze Welt. Und die Leute, die noch in Indonesien fragen: »Wo gibt's hier bitte Schnitzel und Pommes frites oder Sauerkraut?«, die sind dann wirklich selber schuld.

// Dann muss ich jetzt wohl ein kleines Geständnis machen. Ich war gerade in Bagdad, und beim Abendessen gab es alles,

was man sich nur wünschen konnte. Aber was mache ich? Ich hole mir Pommes! Ich kann mich davon manchmal also auch nicht freisprechen, aber ich habe mich wenigstens ein bisschen geschämt dafür. Die Pommes haben mich einfach an Deutschland erinnert, und ich habe mir gedacht: Komm, das erlaubst du dir jetzt.

\\ Na ja, unsere Geschmacksnerven sind an bestimmte Speisen ja auch gewöhnt. Vielleicht hat das andere, was es gab, auch nicht so recht geschmeckt.

// *Ehrlich gesagt, war es so.*

\\ Dann hätte ich vielleicht auch Pommes gegessen. *(lacht)*

// *Der amerikanische Politikwissenschaftler Francis Fukuyama schreibt in seinem neuesten Buch:* »Das gegenwärtige Schicksal [...] jeder [...] kulturell vielfältigen Demokratie, die überleben will, muss es sein, eine Bekenntnisnation zu werden.« *Wäre das eine Möglichkeit, wieder zu mehr Konsens in der Gesellschaft zu finden?*

\\ Was Fukuyama zu Fragen der Identität sagt, ist in der Tat spannend. Sowieso ist er viel klüger als diejenigen, die nur den Titel seines Buches vom Ende der Geschichte kennen. Bei uns Deutschen wird es mit dem Bekennen aber schon wieder etwas gefährlich, denn wir haben aus unserer Geschichte heraus eine gewisse Neigung, die Dinge zu übertreiben. Wir waren ja – Helmuth Plessner hat von der »verspäteten Nation« gesprochen – bis in die Zeit der Französischen

Revolution hinein eigentlich mit unserer föderalen Struktur gar nicht so unzufrieden. Wir waren keine Nation wie Frankreich. Zum Nationalstaat sind wir erst unter Bismarck geworden. Und wie immer oder zumindest wie meistens: Spätgekommene übertreiben es. Und wir haben es kräftig übertrieben. Das ist bis heute die deutsche Frage. Deswegen bin ich zwar froh, dass wir mittlerweile mit einer gewissen Normalität unsere Nationalhymne singen und unsere Fahne schwenken können. Aber weil wir eben zur Übertreibung neigen, müssen wir immer auch auf der Hut sein, sonst richtet sich der Patriotismus gleich wieder gegen andere. Stattdessen sollten wir heute, in Zeiten der Globalisierung, viel stärker versuchen, die nationale Identität oder meinetwegen auch das Bekenntnis zur Nation durch regionale Identitäten zu ergänzen. Auch die Amerikaner sind ja nicht nur Amerikaner, sondern immer auch Leute aus New York oder aus North Dakota. Aber vor allem müssen wir Deutsche auch Europäer sein.

// *Also statt eines* German Dream *ein* European Dream?

\\ Eine Mischung aus beidem. Europa wird die Nation nicht ersetzen. Auch auf lange Sicht nicht. Aber Europa muss die Nation ergänzen. Deutschland ist mit Europa untrennbar verbunden. Oder wie der Historiker Thomas Nipperdey einmal schrieb: Am Anfang war Napoleon. Mit einem Bekenntnis, wie es Fukuyama fordert, würde ich mich jetzt in Deutschland eher schwertun. Aber für die politische Organisation, also für die Akzeptanz von Mehrheitsentscheidungen, braucht es auf jeden Fall ein gewisses Grundgefühl der Zugehörigkeit. Weltweit ist die Demokratie nicht zu organisieren. Jedenfalls noch nicht. Das Prinzip »One man, one vote« auf die ganze Welt auszudehnen, erschiene mir absurd. Deshalb müssen wir unseren Weg eher im kleineren Maßstab finden. Was aber nie dazu führen darf, dass wir uns wieder von anderen abschotten.

// *Vielen, vielen Dank.*

\\ Bitte, gerne. Danke für Ihre Arbeit. Träumen Sie weiter. Lassen Sie uns träumen.

Nachweis der Zitate

S. 10 f.
Frank Biess: *Republik der Angst. Eine andere Geschichte der Bundesrepublik.* Reinbek bei Hamburg 2019, S. 12 und 26.

S. 43
Theodor W. Adorno: *Negative Dialektik.* Hg. von Rolf Tiedemann. Frankfurt am Main 1973, S. 358.

S. 93
Michel Serres: *Erfindet euch neu! Eine Liebeserklärung an die vernetzte Generation.* Aus dem Französischen von Stefan Lorenzer. Berlin 2013, S. 15.

S. 104
Andreas Rödder: *Konservativ 21.0. Eine Agenda für Deutschland.* München 2019, S. 125.

S. 107, 218 f.
Francis Fukuyama: *Identität. Wie der Verlust der Würde unsere Demokratie gefährdet.* Aus dem amerikanischen Englisch von Bernd Rullkötter. Hamburg 2019, S. 191.

S. 157
Fatma Aydemir und Hengameh Yaghoobifarah (Hrsg.): *Eure Heimat ist unser Albtraum.* Berlin 2019, S. 9 und 11.

Dank

Ich danke meinen Eltern für ihre Geduld und ihre Kraft. Sie haben nicht nur dafür gesorgt, dass ich mich verwurzelt und stets zu Hause fühle, sie verliehen mir auch Flügel und gaben mir dadurch die Möglichkeit, über mich hinauszuwachsen. Gemeinsam mit mir sind sie in neue Welten aufgebrochen.

Ich danke meinen Geschwistern, auf die ich unfassbar stolz bin. Sie sind mein Rückenwind. Ohne sie hätte ich die Hindernisse viel schwerer überwinden und die Freuden nur halb so sehr genießen können.

Ich danke Klaus, der mir mit seinen unbezahlbaren Ratschlägen dabei half, mich aus einer Chaotin in eine Strategin zu verwandeln.

Ich danke Ralph, ohne den es nicht möglich gewesen wäre, die Bildungsinitiative *German Dream* ins Leben zu rufen. Er hat an meinen Traum geglaubt und dabei mitgeholfen, ihn Realität werden zu lassen.

Ich danke meinem ehemaligen Deutschlehrer Peter, der in mir die Liebe zum Wissen geweckt und mir gezeigt hat, wie Bildung einem dabei helfen kann, in die Gesellschaft und zu sich selbst zu finden.

Ich danke Karl, dessen Witz und Weisheit und Lebensmotto ich nicht vergessen werde: »Lebst du schon oder wirst du noch gelebt?«

Ich danke Cem Özdemir, Moritz Hopf, Janina Kugel, Magdalena Rogl, Dalia und Dr. Wolfgang Schäuble dafür, dass sie sich mit mir über das Träumen unterhalten und so dieses Buch mit ihren Worten bereichert haben.

Nicht zuletzt danke ich allen, die den *German Dream* leben. Sie stehen für eine Gesellschaft, die ihren Blick nach vorne richtet, an ihre Möglichkeiten glaubt und dabei niemanden ausschließt oder zurücklässt.

Danke!